Cómo evitar que su niño moje la cama

Dr. Samuel J. Arnold

Cómo evitar que su niño moje la cama

Técnicas para mantenerlo seco y feliz

Título original: *No more bedwetting*
Edición original: Wiley, 1997
Traducción: Martha Mauri

Copyright 1997 © by Samuel J. Arnold y Lila G. Hunnewell

De esta edición:
D. R. © Aguilar, Altea, Taurus, Alfaguara, S.A. de C.V., 2002.
Av. Universidad 767, Col. del Valle
México, 03100, D.F. Teléfono 54 20 75 30

· Distribuidora y Editora Aguilar, Altea, Taurus, Alfaguara, S. A.
  Calle 80 Núm. 10-23, Santafé de Bogotá, Colombia.
· Santillana S. A.
  Torrelaguna 60-28043, Madrid, España.
· Santillana S. A.
  Av. San Felipe 731, Lima, Perú.
· Editorial Santillana S. A.
  Av. Rómulo Gallegos, Edif. Zulia 1er. piso
  Boleita Nte., 1071, Caracas, Venezuela.
· Editorial Santillana Inc.
  P.O. Box 19-5462 Hato Rey, 00919, San Juan, Puerto Rico.
· Santillana Publishing Company Inc.
  2043 N. W. 87 th Avenue, 33172. Miami, Fl., E. U. A.
· Ediciones Santillana S. A. (ROU)
  Cristóbal Echevarriarza 3535, A.P. 1606, Montevideo, Uruguay.
· Aguilar, Altea, Taurus, Alfaguara, S. A.
  Beazley 3860, 1437, Buenos Aires, Argentina.
· Aguilar Chilena de Ediciones Ltda.
  Dr. Aníbal Ariztía 1444, Providencia, Santiago de Chile.
· Santillana de Costa Rica, S. A.
  La Uruca, 100 mts. Este de Migración y Extranjería, San José, Costa Rica.

Primera edición: marzo de 2002

ISBN: 968-19-0915-1

Fotografía de portada: Raúl González
D. R. © Diseño de portada: Antonio Ruano Gómez
Diseño de interiores: Times Editores, S.A. de C.V.

Impreso en México

A mi esposa Catherine, mis hijas Bonnie y Lisa,
y a mi hijo Michael,
quienes son el manantial de mi mayor felicidad.

Índice

Agradecimientos

Me gustaría agradecer a Ruth McWhinney, Jean Allison, Hazel Edwards y Sylvia Wexler, quienes trabajan conmigo en mi oficina desde hace muchos años; al Dr. Arthur Ginsburg, mi socio durante 25 años; Merrill Harvey y Brian Pendley, al arte del Dr. Stuart Levy y la señorita Sue Sanchelli por actualizarme sobre la participación de los padres de familia durante el proceso de anestesiar a los niños; a M. Robert Aaron y al profesor Jim Kaiser, por revisar mis conceptos sobre la dinámica de los fluidos; y al Dr. Michael Arnold y la profesora Mary Louise Hayden por adaptar los tecnicismos de mi prosa.

Quisiera agradecer en especial a Jo Anne Searly, Mary Kay Joyce, y James Dvoretzky y Thelma Fitch de Morristown Memorial Health Sciences Library; al Dr. David Copp y a Edward Pikus por su ayuda que va más allá de la amistad; y a Lila Hunnewell por hacer este libro realidad.

Introducción

El mojar la cama (enuresis) durante la noche, en un niño, puede ser un factor existencial desconcertante y frustrante para toda la familia. Pone a prueba la paciencia de los padres de familia mejor intencionados y atormenta al niño enurético. Muchos padres cometen el error de creer que la enuresis es la decisión deliberada de no levantarse de la cama por parte de un niño flojo, descuidado, desobediente o inmaduro. El resultado es una enuresis a largo plazo que provoca sentimientos de coraje, vergüenza, y confusión, mismos que separan a la familia y ocasionan que los niños sean víctimas desafortunadas de abuso emocional e incluso físico, con graves daños a su autoestima, las relaciones familiares y la vida social.

Me gustaría compartir con ustedes la historia de cómo me di cuenta de que la enuresis nocturna, a largo plazo, no se debe a problemas psicológicos o de madurez sino a factores físicos que van más allá del control del niño, la mayoría de los cuales son tratables. También hablaré de por qué consideré necesario escribir este libro.

Hace cerca de 35 años, yo pensaba (al igual que muchos otros médicos de esa época) que si no se detectaba de una infección urinaria, la enuresis nocturna, junto con los problemas urinarios durante el día, como correr con frecuencia al baño, dificultad para llegar a tiempo al retrete, y manchar de orina la ropa interior, eran principalmente de origen psicológico. Como yo era cirujano urólogo y no psiquiatra, no procuré que los pediatras y médicos generales me enviaran niños enuréticos para tratarlos: creí que sólo podría ayudar a unos cuantos.

Para ahorrarle a la mayoría de los niños enuréticos y a sus padres el estrés (y el gasto) de exámenes urológicos innecesarios, diseñé un cuestionario que podrían llenar los médicos de los niños y sus padres, el cual pensé que me permitiría identificar a los pocos enuréticos que quizá requiriesen tratamiento urológico sin tener que examinar a los niños. Tenía la impresión de que los demás niños que mojaban la cama podían seguir con el tratamiento de su pediatra, o tal vez quisieran enviarlos con un psicólogo o psiquiatra.

El cuestionario que diseñé era para problemas psicológicos (como rivalidad entre hermanos, ansiedades o demasiada disciplina por parte de los padres) y físicos (como pus en la orina, fiebre, dolor al orinar u otras dificultades con la micción). Supuse que si un niño no tenía fiebre o pus en la orina, y si existía cualquier posibilidad de un problema emocional, entonces el origen de la enuresis era psicológico.

Distribuía cuestionarios en blanco a los pediatras y médicos generales que yo recomendaba y les pedía que sólo me enviaran a mí las formas llenas, no a los niños.

El método fracasó. Algunos niños que no examiné porque sus cuestionarios sugerían problemas psicológicos, desarrollaron infecciones urinarias. Otros siguieron mojando la cama a pesar de los mejores esfuerzos del pediatra y psicólogo que consultaron. Por último, empecé a examinar a los niños. Para mi sorpresa, en la mayoría de ellos encontré problemas físicos. A veces los detectaba con mucha facilidad, pero casi todos los que encontré eran subyacentes, es decir, ligeras anormalidades como angostamientos o constricciones en la uretra (el conducto que va de la vejiga al exterior). Estas ligeras anormalidades se corrigieron de manera sencilla con procedimientos quirúrgicos sencillos, que, pronto descubrí, aliviaron casi de inmediato los síntomas urinarios diurnos en un elevado porcentaje de los casos. El niño ya no tenía que correr al baño para evitar accidentes durante el día. La enuresis nocturna en un alto porcentaje.

Cuando le di el tratamiento al primer niño enurético, comencé a cuestionar el pensamiento de esa época respecto a las causas de la enuresis nocturna. Una vez, un médico familiar me envió el cuestionario que obtuvo de la madre de un niño enurético de nueve años. A partir del cuestionario completo, me di cuenta de que el niño, quien había tenido dificultades con el entrenamiento para ir al baño, mojaba la cama todas las noches. Durante el día, manchaba de orina la ropa interior y con frecuencia corría al baño, apretándose el pene, y a veces no llegaba a tiempo. El niño tenía un bajo rendimiento escolar y con frecuencia hacía berrinches.

La madre era divorciada y compartía su hogar con un hombre con quien pensaba casarse. Conforme leía el cuestionario, se me ocurrió que la relación de la madre con este hombre había provocado un estrés emocional en el niño, de ahí la enuresis nocturna. Mi recomendación al médico fue que el niño necesitaba orientación psicológica.

Mientras la madre tomaba en consideración este consejo, el niño tuvo que someterse a una prueba de orina rutinaria para la clase de atletismo de la escuela, la cual reveló pus. La madre llevó de nuevo al niño con el médico, quien a la vez lo envió conmigo. Acepté verlo por la presencia de pus en la orina.

Al examinar al niño, descubrí que su pene tenía un meato sumamente angosto y que la uretra estaba un tanto inflamada. Después de corregir este problema físico del meato, desapareció la pus en la orina del niño, y su uretra se normalizó. De la misma manera, ya no tenía que correr al baño, no orinaba con tanta frecuencia, ni mojaba la cama, excepto cuando estaba demasiado cansado o tenía gripe. Incluso desaparecieron los berrinches. Me di cuenta de que la pus en la orina no era la causa de la enuresis nocturna ni de la infección urinaria, sino el angostamiento del orificio en el pene que originó la inflamación de la uretra.

Esta experiencia me hizo leer cada artículo médico que pudiera encontrar sobre el tema de angostamientos o constricciones anormales en el meato. Descubrí que varios urólogos eminentes del pasado (en especial Meredith Campbell, el padre de la urología pediátrica) habían descrito la forma en que dichas anormalidades podían causar enuresis nocturna y síntomas diurnos (aun si la orina no contenía pus).

Tomé la decisión de realizar mi propio estudio de 160 tablas comparativas de hospitales con niños diagnosticados con dichos angostamientos. Al igual que el material publicado que había leído, mi estudio de los registros en hospitales demostró claramente que estas constricciones podían provocar que un niño orinara demasiado y con frecuencia, que corriera al baño y que mojara la cama. Dichas constricciones también conducían a erecciones irritables, es decir, erecciones que no se debían a un juego erótico o a la autoestimulación, sino a la inflamación e irritación de las terminaciones nerviosas. Publiqué mis hallazgos en el *Journal of Urology* con el fin de informar a la comunidad médica.

Por desgracia, el manuscrito con mis hallazgos no llegó a suficientes miembros de la comunidad urológica. Si la orina del paciente no contenía pus o sangre, la mayoría de los médicos seguían achacando la enuresis nocturna y los síntomas urinarios diurnos a factores emocionales, a una enfermedad imperceptible del sistema nervioso o a vejigas irritables.

Durante ese tiempo, mi experiencia con niños enuréticos y mis conocimientos respecto a la enuresis nocturna se acrecentaron con rapidez. Entre otras cosas me enteré, a través de la mayoría de los padres de familia, que los niños enuréticos con sueño muy pesado difícilmente podían despertarse, incluso con ruido, luces, sacudiendo la cama, y levantándolos. Supe que casi todos los enuréticos que fueron a consultarme también tenían síntomas urinarios durante el día. Además, noté que los niños con dichos síntomas diurnos no sólo tenían un meato pequeño en el pene, sino que también padecían de ligeras anormalidades uretrales que muchos médicos pasaban por alto como variantes normales o sin importancia que de hecho también ocasionaban o contribuían a la enuresis nocturna. Por último, aprendí del trabajo de los investigadores Richard P. Lyon y Donald R. Smith, publicado en el *Journal of Urology*, que en las niñas se presentaban otras anormalidades leves, las cuales también provocaban enuresis nocturna.

Cuando les hice preguntas a los padres de niños que habían padecido enuresis nocturna, además de problemas urinarios diurnos, descubrí que, contrario a la opinión general, los enuréticos no se alivian con la edad. Muchos hombres que de niños fueron enuréticos, como adultos padecieron inflamación de próstata y uretra, a diferencia de quienes no tuvieron enuresis. Asimismo, tenían la tendencia a presentar síntomas de carácter sexual, como eyaculaciones dolorosas y/o prematuras.

Las mujeres que de niñas fueron enuréticas, con frecuencia se quejaban de expulsión involuntaria de orina al toser, estornudar o hacer un esfuerzo en diversas tareas. Muchas sufrieron infecciones urinarias recurrentes, irritación vaginal y dolor durante las relaciones sexuales. Un gran número de exenuréticos de ambos sexos todavía tenían que levantarse de una a tres veces en la noche para ir al baño. Durante el día, orinaban con mucha frecuencia y muchas veces tenían que correr al baño por temor a mojarse. En otras palabras, superaron su enuresis nocturna, pero las anormalidades físicas que la provocaron continuaban ocasionándoles problemas.

Los médicos locales, en particular los pediatras, fascinados de que un urólogo por fin mostraba interés en la enuresis nocturna, me enviaron muchos pacientes. Cuando recopilé la información de 187 casos míos, presenté mis hallazgos ante la sexagésima reunión anual de la American Urological Association, en Nueva Orleans. Mi presentación fue recibida con tranquilidad, aunque se publicó un informe en la sección de noticias del *Journal of the American Medical Association.* Además de la falta de interés general en la enuresis nocturna, algunos urólogos no podían concebir la importancia de las pequeñas fundamentales anormalidades que descubrí en la enuresis nocturna.

Los datos que recopilé me permitieron formular tres hipótesis:

√   Los problemas psicológicos rara vez (si acaso) provocan enuresis nocturna persistente.

√   Un enurético que también tiene síntomas persistentes durante el día presenta un problema físico, principalmente en los órganos urinarios inferiores.

√   El factor del sueño profundo impide que el enurético se despierte para ir al baño. El niño que tiene síntomas urinarios durante el día, pero cuyo patrón de sueño no es pesado, se despierta, en ocasiones varias veces, para ir al baño en la noche, en lugar de mojar la cama.

Mis estudios también me permitieron llegar a la conclusión de que entre más cuidadoso fuese el examen físico y urológico del médico al paciente enurético, mayor era la probabilidad de encontrar la causa física de la enuresis nocturna. Al mismo tiempo, me di cuenta de que la minoría de los enuréticos que no presentaban síntomas urinarios durante el día (urgencia, frecuencia, pérdida de orina), no podían tratarse urológicamente. No había presencia de anormalidades físicas en el tracto urinario.

Las causas de la enuresis nocturna a largo plazo en niños que no tienen síntomas diurnos, también son físicas en vez de psicológicas. Rara vez se debe al sueño profundo, a la deficiencia de la hormona vasopresina intolerancias a los alimentos o sustancias y a otras causas físicas.

Mi experiencia con los niños enuréticos se acumularon, reforzando mis hallazgos. El Dr. Arthur Ginsburg se unió conmigo a la práctica y, trabajando con sus propios pacientes, confirmé lo que había informado. Combinando nuestras experiencias con cerca de 500 enuréticos, presentamos un estudio nuevo en la renuión anual de la American Medical Association. Aún así, la mayoría de los urólogos ahí presentes seguían escépticos del efecto de las pequeñas anormalidades uretrales en la enuresis nocturna y los síntomas urinarios diurnos.

No obstante, el Dr. Ginsburg y yo continuamos con nuestros estudios. Con frecuencia presentábamos lo que descubríamos, de modo que los demás médicos también pudieran analizar nuestros métodos para ayudar a más niños enuréticos. Publicamos el primer fotoestudio con rayos x de la historia de la enuresis, de vejigas y uretras con fotografías tomadas mediante un cistouretroscopio, el instrumento que los urólogos emplean para ver la vejiga y uretra por dentro. Con estas imágenes, pudimos mostrar las áreas que considerábamos problemáticos, como pliegues uretrales, dobleces y angostamientos (constricciones); las operaciones que se utilizaron para corregir estas anormalidades y los cambios que produjeron las cirugías, de acuerdo a lo visto en los rayos x de seguimiento. Pudimos explicar las conexiones entre los cambios quirúrgicos y la mejoría o disminución de los síntomas en enuréticos. Después de la publicación de dicho estudio, varios urólogos nos escribieron para decirnos que habían utilizado nuestras técnicas y que obtuvieron resultados efectivos con los pacientes.

A pesar del esfuerzo, muchos médicos y el público en general todavía se obstinaban con la idea de que la enuresis nocturna es psicológica, y con ello perpetuaban la frustración y desdicha de millones de enuréticos y sus familias.

He aquí un caso. Un niño de once años, desesperado por su enuresis, escribió pidiendo ayuda a una respetada columnista conocida a nivel nacional en Estados Unidos. Él se describió como la parsona más infeliz del mundo porque no podía dejar de mojar la cama a pesar de lo mucho que se esforzaba por no hacerlo. Incluso llegó a ayunar y dejar de tomar agua durante días. Su madre lo había llevado al médico, quien le aseguró que su hijo no estaba enfermo y conforme creciera superaría el problema. Cuando su madre se enteró de que no tenía una enfermedad física, intentó dejarlo en ridículo debido a su enuresis diciéndole a todo mundo que su bebé de once años todavía mojaba la cama. El niño concluyó su carta con la promesa de seguir el consejo de la columnista, no importando cuál fuera.

La columnista le respondió que muchos adolescentes mojaban la cama porque eran inseguros e infelices; le sugirió que sus padres lo llevaran a un médico que pudiera solucionar sus problemas emocionales. Cuántas veces esta desafortunada y aberrante idea se diseminó entre millones de lectores.

Con el paso de los años, aproveché otras oportunidades para compartir mis experiencias y hallazgos. Los médicos Willet Whitmore, John Lattimer, David Utz y Pablo Morales, quienes eran jefes de urología reconocidos a nivel nacional en Estados Unidos, en Sloan-Kettering, Columbia Presbyterian, Mayo Clinic y New York University Medical School, me dieron la oportunidad de expresar mis puntos de vista. El Dr. Frank Field, cuando estaba en la cadena NBC-TV, me permitió externar mi opinión a nivel nacional y local.

La recompensa a mis esfuerzos para entender y tratar la enuresis nocturna y otros problemas urinarios en niños, provinieron de los niños mismos y sus familias. Sin la vergüenza de mojar la cama, ellos habían florecido. Sus reacciones eran conmovedoras y enternecedoras. Una niña de primer grado me envió una nota que escribió con mucho cuidado sobre una hoja rayada, decorada con sus propios dibujos de flores:

Estimado Dr. Arnold:
Gracias por ayudarme con mi problema. Por primera vez me quedé
a dormir en casa de mi amiga ...

Cartas como la de una expaciente que describía sus sentimientos por haberse curado de la enuresis nocturna, para mí son excelentes fuentes de satisfacción profesional:

Estimado Dr. Arnold:
Esta carta está muy retrasada ... como ocho años de atraso ... simplemente todos estos años di por un hecho que puedo hacer todo que me gusta gracias a que usted me ayudó. Fue sorprendente saber que un día me pegaban por mojar los pantalones, y al día siguiente estaba totalmente curada. Desde entonces, no he vuelto a tener problemas. Ya no tengo que apenarme por escuchar frente a mis amigos lo que había hecho y que lo hacía por llamar la atención.

Nunca olvidaré la vergüenza, la humillación y la desesperación que sufrí. Todavía me acuerdo de todo. ... Puedo hablar al respecto abiertamente, y me sorprende la cantidad de gente que pasó por lo mismo que yo. Soy muy afortunada de que hubiera tratado mi problema cuando era chica; ojalá lo hubiera hecho antes.

Ahora soy muy feliz. La verdad me sentía desdichada antes de que mis padres me llevaran con usted, después de que todos los doctores me habían dicho que nada más era floja. Ahora ya no soy floja, y sé que entonces tampoco lo era. Trabajo desde que tengo edad para trabajar, y me acabo de graduar como licenciada en bellas artes.

Tengo 22 años, sigo soltera y pasándola bien. Salgo a fiestas, voy a casa de otras personas y viajo. He ido dos veces a Europa. En junio me voy dos meses a Grecia. Lo más maravilloso es que puedo ir a donde sea sin tener que preocuparme por la enuresis.

Quería agradecerle de nuevo. Muchas gracias.

Atentamente,

Althea

Los padres de familia, ya liberados de la culpa (y de la carga de la lavandería), también se emocionan con la curación de sus hijos. Un ejemplo es una carta de una madre estadounidense que leyó uno de mis artículos en una revista médica y llevó a su hijo al urólogo, quien (quizá guiado por el artículo) amplió un área angosta en la uretra del niño y lo curó. Con su nota me enviaba una fotografía de su hijo, quien se veía muy alegre.

La correspondencia llega de lugares muy distantes. Por ejemplo, una mujer en Australia me escribió para pedirme copias de mis artículos, y después me envió una carta de agradecimiento. Parece ser que, durante cierto tiempo, había llevado a su hija a cinco médicos diferentes para que trataran la enuresis nocturna y los síntomas urinarios diurnos. De los cinco médicos que examinaron a la niña, ninguno le sugirió que consultara a un urólogo. Creían que los síntomas de la niña se debían a la flojera, la necedad y los celos de su hermanita recién nacida. Le aseguraron a la madre que su hija superaría con la edad los síntomas. Después de recibir los artículos, la madre consultó a un urólogo que rápidamente curó a la niña retirándole una obstrucción física menor.

Tengo una enorme fe en la capacidad lógica de las personas. Por desgracia, demasiados libros sobre enuresis nocturna dirigidos a padres de familia, así como muchos libros de urología ignoran la evidencia importante sobre los factores físicos que provocan o contribuyen a la enuresis nocturna y los síntomas diurnos. Luego de realizar una extensa investigación referente a las causas y los tratamientos para la enuresis nocturna y de obtener éxito después de tratar a casi 2 000 niños enuréticos, escribí este libro para informar a los padres de familia y otras personas que atienden a los niños y se preocupan por ellos, que han luchado tanto tiempo por entender qué ocasiona la enuresis nocturna y qué se puede hacer al respecto.

La enuresis nocturna y su hijo

Su hijo moja la cama, y usted ha intentado de todo para evitar que suceda de nuevo. Es muy probable que usted se esfuerce mucho para modificar ese comportamiento, como el darle premios especiales por no mojarla o castigarlo en caso de que ocurra, o quizá asignarle la responsabilidad de cambiar la cama, y lavar y secar las sábanas. Tal vez le pidió a su hijo que se imagine una cama seca antes de irse a dormir, o utilizó cualquier otro método de visualización o pensamientos positivos. ¡Pero todo fue en vano!

Este libro le demostrará que sus esfuerzos encaminados a modificar ese comportamiento, como castigarlo, avergonzarlo, engañarlo, sobornarlo, premiarlo o cualquier otro entrenamiento para que el niño no moje la cama a largo plazo ¡no funcionan! Su hijo elige mojar la cama tanto como si pidiera enfermarse de apendicitis. No se moja porque sea flojo, irresponsable o agresivo. Tampoco se debe a que sea inmaduro, a que su entrenamiento en el baño no haya sido a la edad adecuada o por costumbre.

Este libro le hará saber que la mayoría de los niños que mojan la cama presentan el síntoma al momento de nacer, y que las causas de ello a partir del primer momento de vida son físicas. Un gran número de casos de enuresis se deben a otros problemas físicos.

Lo importante es que esta obra le dará la certeza de que casi todos los casos de enuresis infantil se pueden curar o controlar. Le informará sobre las causas (que son muchas), le ofrecerá un método sistemático para descubrir la razón de la enuresis de su hijo, y le permite obtener el tratamiento efectivo.

Cómo usar este libro

Es importante que lea todo el libro en el orden que se presentan los capítulos, a fin de tener una idea completa de las diversas causas de la enuresis. No se salte capítulos. Después de la primera lectura, empiece de nuevo, pero en esta ocasión para investigar las causas probables de que su hijo moje la cama y la forma en que ocurre.

En este capítulo se le proporcionan algunas respuestas a sus preguntas generales sobre la enuresis, además de las definiciones de términos importantes.

El capítulo 2 ofrece explicaciones sencillas acerca de la anatomía y fisiología. Luego, en capítulo 3, se aborda el tema del sueño profundo que frecuentemente tiene una función que contribuye a la enuresis (sea cual sea la causa principal). Usted debe saber de la participación del sueño profundo y las alteraciones que inciden en la enuresis.

En el capítulo 4 se describen ciertas enfermedades que, tanto usted como su pediatra, deben descartar en primera instancia. En el capítulo 5 se le pregunta si la enuresis nocturna actual de su hijo apareció después de un periodo mínimo de seis meses de no mojar la cama (tiempo durante el cual no llevó a su hijo al baño en la noche). De ser así, es el momento de seguir las estrategias que se sugieren para manejar la nueva presencia de la enuresis nocturna, a diferencia de la enuresis de nacimiento.

Si descubre que los factores a los que se hace referencia en los capítulos anteriores no son la causa de la enuresis de su hijo, debe seguir las recomendaciones del capítulo 6 a fin de investigar si el niño sufre de constipación, hemorroides, inflamación anal o afecciones que pueden ser las responsables de la enuresis, ya sea de nacimiento o posterior a un periodo en que no mojó la cama.

Si los problemas descritos en el capítulo 6 no resultan ser la causa, adopte el siguiente paso y siga las sugerencias del capítulo 7, que se refiere a detectar y atacar cualquier alergia o intolerancia a los alimentos que quizá provoquen que su hijo moje la cama. Debido a que es un proceso complicado, debe tomarse en consideración después de haber descartado los factores que se mencionan antes.

Espero que encuentre la causa de la enuresis de su hijo mediante los métodos que se recomiendan en los capítulos antes mencionados, aunque, de no ser así, en el capítulo 8 se explica la forma en que la deficiencia de la hormona vasopresina, durante la noche, puede ocasionar la enuresis nocturna de nacimiento. Si su hijo no necesita orinar con frecuencia o urgencia durante el día, (lo cual indicaría otras causas), considere consultar a un médico para que pueda iniciar un tratamiento con la hormona sintética demopresina. Este paso lo dejará para el final de su investigación, a fin de tener la certeza de que descartó otras causas antes de que su hijo iniciara un largo peregrinar con medicamentos.

El capítulo 9 se refiere a la forma en que, desde el nacimiento, pequeñas obstrucciones en la uretra pueden ocasionar enuresis nocturna y la necesidad frecuente y urgente de orinar durante el día. Antes de investigar si esa es la causa, debe descartar otras, ya que es probable que los exámenes y el tratamiento requieran de anestesia y cirugía en un hospital.

Por último, se deben conocer los pasos para preparar a su hijo e ir a la consulta con el médico familiar o el pediatra, la probable visita a un urólogo u otro especialista y, de ser necesario, la cirugía y hospitalización. Lea el capítulo 10 para familiarizarse con estos procedimientos.

El soporte de este libro son estudios realizados por médicos generales y profesores dedicados a la investigación avanzada y se publicaron en revistas o libros de temas médicos. Si a usted le interesa algún artículo, consulte la bibliografía al final del libro. Lleva un orden alfabético de acuerdo al apellido de los autores. Tal vez la biblioteca de un hospital o facultad de medicina cuente con la revista o el libro donde se haya publicado el artículo que a usted le interesa, aunque casi ninguna biblioteca pública tiene literatura sobre investigación médica.

Además de los estudios mencionados en los capítulos, la bibliografía también incluye los títulos de muchos artículos y libros que no aparecen en el texto, aunque encontré en ellos información de respaldo útil respecto a los temas referidos. Si usted o los médicos desean saber más acerca de un tema en particular, pueden buscar en la lista los títulos relacionados. Quizá su médico le pueda conseguir los artículos de la biblioteca del hospital donde presta sus servicios.

¿Qué es la enuresis?

El término médico enuresis se refiere a la falta de capacidad para controlar la micción durante el día o la noche. Una persona que involuntariamente se moja en cualquier momento recibe el calificativo de enurética. Una persona que se moja en la noche, mientras duerme, padece de enuresis nocturna. Sin embargo, como la enuresis involuntaria casi siempre ocurre en la noche, muchas personas conocen el problema con el término general de enuresis. Si su médico emplea este término, por lo general se refiere a mojar la cama de noche.

¿A qué edad se puede detectar la enuresis?

A partir de los dos años, los pequeños dejan de mojar la cama a diferentes edades; por tanto, existen ciertas diferencias en cuanto a establecer en qué momento no es normal que un niño moje la cama. No obstante, todo mundo estará de acuerdo en que si su hijo todavía moja la cama con frecuencia a los cinco o seis años (dos o tres años después de que la gran mayoría de los niños no lo hacen), debe empezar a investigar la causa de la enuresis.

¿La enuresis es hereditaria?

Sí, las causas físicas de la enuresis nocturna ¡tienden a ser hereditarias! Les he dado tratamiento a familias en las que un padre de familia y dos de los hijos padecen enuresis. ¡Conozco a una familia donde los nueve niños mojan la cama todas las noches! Es probable que la enuresis se presente en tres o cuatro generaciones.

Además de mis propias observaciones, otras investigaciones demuestran esta relación hereditaria. Los estudios que llevó a cabo Harry Bakwin revelan que, en las familias en las cuales ambos padres fueron enuréticos durante la infancia, 77 % de los niños también lo son; mientras que en 43 % de los casos de niños enuréticos, uno de los padres mojó la cama de niño. En los mellizos idénticos, si uno de los hermanos es enurético, existe una probabilidad de 68 % que el otro hermano también moje la cama, en tanto que en los llamados «cuates», la cifra es de 36 %. El estudio de Soren Wille, publicado en la revista sueca *Lakartidningen*, demostró que 70 % de los niños con enuresis (en comparación con 24 % de niños que no mojan la cama) tenían familiares o parientes cercanos que habían padecido enuresis. J.B.J.

McKendry y sus colegas encontraron que la cifra era mayor: 80 % de los niños con enuresis tenían un padre, hermano, tío, tía o abuelo enurético. Los niños enuréticos en muchas ocasiones se sorprenden, y se sienten bien, al saber que uno o ambos padres también fueron enuréticos durante la infancia.

Recientemente, en una investigación publicada por el danés Hans Eiberg en *Nature Genetics* (1995), se indica que un gene en el cromosoma 13 está relacionado con al menos una causa de la enuresis primaria. Como dijo Eiberg a Daniel Goleman, del *The New York Times*, no se encontró un patrón hereditario asociado a la enuresis secundaria. El gene recién descubierto no está vinculado con la deficiencia de la hormona vasopresina.

En vista de la naturaleza hereditaria de la enuresis primaria, si usted o su cónyuge fueron enuréticos, es probable que alguno o varios de sus hijos también mojen la cama. No se niegue a compartir esta información con su hijo, ya que con ello ayudará a que el niño se dé cuenta de que usted lo apoya en este problema.

¿Cuántos enuréticos existen?

Hay muchos más enuréticos de lo que se piensa. Varios estudios han intentado determinar la cifra, pero los resultados varían. El Dr. Larry G. McLain (en su libro *Currrent Problems in Pediatrics: Childhood Enuresis*) realizó una descripción general de dichos estudios, en la cual sugiere que entre los tres y cuatro años, de 20 a 30 % de los niños mojan la cama; a los cinco, 15 %; y a los seis, de 6 a 7 %. De acuerdo a la descripción general, este mal sigue disminuyendo hasta que a los diez años, tal vez sólo 3.25 % todavía moja la cama. Cerca de 2 % de los enuréticos siguen mojando la cama en la edad adulta.

En Estados Unidos, el cálculo de enuréticos varía de cinco a diez millones. Según la investigadora Linda Shortliffe, casi 20 % de los niños que mojan la cama también son enuréticos durante el día.

Existe la posibilidad de que las cifras reales sean significativamente superiores, porque sabemos de muchos casos de enuresis que no se reportan. Muchos padres no revelan esta información respecto a sus hijos, incluso al pediatra. De igual modo, a muchos adultos enuréticos les da pena hablar de este problema con su médico. Como la enuresis continúa siendo un asunto de clóset, no tenemos forma de saber el número que integra el grupo que no se reporta.

Aún cuando los investigadores no concuerdan con la cifra, casi todos aceptan que la enuresis nocturna se presenta más en los niños que en las niñas.

¿Existen diferentes tipos de enuréticos?

Los médicos clasifican a los enuréticos por categorías. Un niño que moja la cama desde que nació hasta la fecha, se denomina enurético primario. La mayoría de los niños que mojan la cama son enuréticos primarios.

Un niño que vuelve a mojar la cama después de no hacerlo durante seis o más meses, se conoce como enurético secundario. Existen diferencias importantes entre estos dos grupos.

Enuresis primaria

Si su hijo moja la cama desde que nació, tenga la certeza de que su enuresis se debe a causas físicas, no psicológicas. Existen muchas causas físicas de enuresis primaria que incluyen una variedad de afecciones, como el sueño profundo, alteraciones del sueño, estreñimiento crónico, alergias o intolerancias a los alimentos, deficiencia de la hormona vasopresina, y pequeñas obstrucciones o constricciones en la uretra. (La información acerca de las causas que se mencionan en el capítulo 1, se ampliará en capítulos posteriores.)

Enuresis secundaria

Si su hijo presentó enuresis después de seis o más meses de no mojar la cama (enuresis secundaria), quizá simplemente esté atravesando por una alteración temporal a causa de una infección, enfermedad, medicamento o ingestión excesiva de líquidos. Tal vez tenga parásitos intestinales o principios de diabetes. Otra causa puede ser un cambio importante en la vida. La enuresis secundaria puede deberse a problemas psicológicos.

Según un estudio sobre la enuresis infantil que llevaron a cabo los investigadores J.B.J. McKendry y sus colegas, corroborado por Linda Shortliffe, 25 a 33 % de los niños que mojan la cama son enuréticos secundarios.

Síntomas urinarios diurnos

Además de la enuresis primaria y secundaria, los médicos la subclasifican en otras categorías. Una de las más importantes se relaciona con los síntomas urinarios durante el día. La enuresis que se presenta en los niños que orinan con frecuencia y urgencia en el día, es diferente a la enuresis nocturna que ocurre en los niños que no tienen dicha necesidad. Existen algunas diferencias muy importantes entre los dos tipos de enuresis.

La presencia de los síntomas durante el día

Muchos niños que mojan la cama son enuréticos primarios de nacimiento, quienes también presentan, a largo plazo, uno o más síntomas urinarios durante el día.

Mediante la lista que presentamos a continuación, cerciórese sobre si su hijo tiene algunos de los siguientes síntomas diurnos:

Frecuencia: ¿su hijo tiene que orinar con mayor frecuencia que otros niños? Este síntoma urinario es de los más comunes.

Urgencia: ¿su hijo, durante el día, corre al baño en el momento que siente la necesidad de orinar? Los padres de familia en muchas ocasiones piensan que los niños con este síntoma se esperan hasta el último momento para ir al baño, pero no es así. La necesidad de orinar es urgente durante los primeros segundos. Un estudio que realizaron los investigadores canadienses J.B.J. McKendry y sus socios, publicado en la revista *Applied Therapeutics,* revela que 60 % de los niños enuréticos experimentan la urgencia de ir al baño durante el día.

Dejar manchas o mojarse: ¿su hijo, durante el día, a veces (o con frecuencia) no llega al baño, por lo cual su ropa interior a veces queda manchada o húmeda de orina? El grupo de McKendry informó que el 39 por ciento de los niños enuréticos sufren de goteo durante el día. ¿Su hijo se moja cuando tose, estornuda, se ríe o hace un esfuerzo?

Movimiento con vaivén, sentarse o balancearse sobre los tobillos, mecerse hacia adelante y atrás, cruzar las piernas con fuerza, o apretarse los genitales: ¿su hijo tiene alguna de estas actitudes cuando se esfuerza por contener la orina? Algunos padres de familia cometen el error de confundir el que los niños se aprieten los genitales con la masturbación, lo cual es un error. El apretarse los genitales simplemente es un intento por evitar el goteo. Los niños casi nunca están conscientes de lo que hacen.) En la ilustración 1.1 encontrará las formas típicas en que los niños intentan controlar la urgencia de orinar.

Orina inusual: ¿su hijo se esfuerza cuando orina? ¿Su flujo de orina inicia y se detiene en vez de ser constante? ¿La orina se disemina? ¿El flujo es directo y en chorro? ¿Produce forma de óvalo en el meato al salir la orina?

Erecciones irritables: ¿su hijo tiene erecciones frecuentes durante el día? Se les denominan «irritables» porque se deben a una inflamación interna, no por excitación.

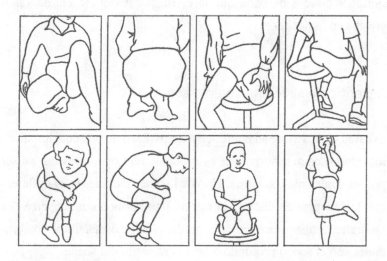

Ilustración 1.1. Signos de la urgencia de orinar durante el día. Es probable que los niños asuman estas posiciones cuando sienten la necesidad repentina y urgente de orinar. De acuerdo a Kondo *et al., Holding Postures Characteristic of Unstable Bladder.* Cortesía del *Journal of Urology.*

Si usted detecta que su hijo presenta algunos de estos síntomas durante el día, deberá informar al médico, ya que son indicativos de posibles causas de enuresis que excluyen a las demás. Por ejemplo, revelan que probablemente la enuresis nocturna se deba a una obstrucción en la uretra, que consiste en un pequeño pliegue que provoca la acumulación de presión e inflamación de la uretra. Los capítulos posteriores contienen mucha más información sobre ésta y otras causas.

Los síntomas diurnos muestran que otra causa podría ser un estreñimiento frecuente, movimientos intestinales involuntarios (encopresis), hemorroides y/o inflamación (enrojecimiento, sensibilidad) alrededor del ano o los genitales. También puede tratarse de una enfermedad como la diabetes. Al mismo tiempo, la presencia de los síntomas citados descarta que la causa sea la deficiencia de vaso-presina en la noche.

Ausencia de síntomas durante el día

Si usted observa que su enurético a largo plazo no presenta los sínto-mas descritos anteriormente, es probable que sean otras las causas por las cuales moja la cama. Uno de los más factibles es la deficien-cia de vasopresina durante la noche, una hormona que se crea por naturaleza, misma que limita la producción de orina. Otras posibili-dades son el sueño profundo o las alteraciones del sueño.

¿Su hijo moja la cama debido a una infección renal?

Al igual que muchos padres de familia, es probable que usted tema que su hijo moje la cama debido a un problema renal; sin embargo, los médicos revelan que la amplia mayoría de los enuréticos tienen sus riñones perfectamente normales. Salvo en raras ocasiones, no presentan una enfermedad renal.

Descubrí (al igual que otros médicos) que en 10 % de los niños enuréticos, los rayos x mostraron un retroceso anormal de orina de la vejiga a los riñones. Esta condición se denomina reflujo. Si la vegija contiene bacterias, el reflujo puede ocasionar una infección renal. Aún cuando no haya presencia de bacterias en la vejiga, la presión anormal del reflujo puede dañar a los riñones. De modo que, a pesar de que los problemas renales no sean la causa más probable de que su hijo moje la cama, ciertamente deben analizarse.

¿Su hijo moja la cama debido a infecciones urinarias?

Si bien los médicos siempre ponen especial atención a las infecciones urinarias en niños que mojan la cama, rara vez son detectadas, aunque sí se presentan en entre 20 y 30 % de niñas que mojan la cama. Estas infecciones en las niñas son el resultado de la cercanía entre el meato y el ano. La bacteria más común en estas infecciones es la E. coli, que se encuentra usualmente en el excremento.

Sin embargo, como se aprenderá en capítulos posteriores, las anormalidades físicas en la uretra que causan la enuresis nocturna a largo plazo también contribuyen al desarrollo de infecciones. Desde mi punto de vista, las infecciones rara vez son la verdadera causa de una enuresis a largo plazo, sino más bien son el resultado de un padecimiento oculto. He sido testigo de que cuando se da tratamiento a problemas uretrales, en casi todos los casos mejoran tanto la enuresis nocturna como las infecciones recurrentes.

¿Existe algo que provoque la enuresis?

Muchas cosas pueden ocasionar que niños normales mojen la cama, o que la cantidad de orina en niños enuréticos se incremente. Algunas de ellas son por enfermedades, extreñimiento, agotamiento, ansiedad inusual, beber excesivamente (incluso comer mucha sandía), grandes dosis de sedantes, y medicamentos para tratar la epilepsia o el asma. Además, el clima frío provoca que algunos niños mojen más la cama que en el clima cálido. Si su hijo moja la cama con mayor frecuencia en clima frío, asegúrese de taparlo bien y de que se mantenga caliente durante las noches.

¿La enuresis se puede confundir con otras afecciones?

Dos padecimientos que únicamente se presentan en las niñas puede confundirse con la enuresis. En el primer caso, pensemos en la niña que orina con normalidad en el baño, pero su vagina conserva restos de orina; gotea y humedece su ropa o la cama. Si su hija apenas moja la cama, es probable que usted quiera investigar sobre esta posibilidad y consultar a un urólogo.

El segundo caso es cuando uno de los uréteres (los conductos que transportan la orina del riñón a la vejiga) presenta la anormalidad de terminar en la vagina en lugar de en la vejiga. El resultado es un goteo de orina continuo. En raras ocasiones se presenta esta condición, pero es importante que lo sepa. Si tiene la sospecha de que el problema de su hija es un goteo de orina constante, debe hacer una cita con un urólogo para que la examine.

En una ocasión tuve una paciente casada y madre de varios hijos quien pensaba que era enurética desde niña hasta que la atendí. La situación le provocaba gran aflicción. Luego de varias pruebas y exámenes, descubrí que uno de los uréteres descendía de manera anormal, desde un riñón parcialmente dañado hacia la vagina, en vez de dirigirse a la vejiga, provocándole un goteo continuo de orina. Después de extirparle la porción afectada del riñón y el uréter inservible, dejó de gotear. Es una pena que ningún médico haya identificado con anterioridad esos síntomas.

¿Los enuréticos se recuperan con la edad?

Su hijo puede dejar de mojar la cama cuando crece, incluso sin tratamiento. La gran mayoría de los enuréticos, poco a poco, dejan de

mojar la cama entre los ocho y doce años. Según algunos investigadores, cada año cerca de 15 % de los enuréticos dejan de mojarse. En
general, usted puede esperar que un niño sin tratamiento moje la cama
a los cinco años y continúe haciéndolo entre tres y siete años más. La
mayoría de los enuréticos que no presentan síntomas urinarios durante el día dejan de mojar la cama, antes de aquéllos con síntomas diurnos.

Algunos médicos cometen el error de creer que la mayoría de los
niños enuréticos dejan de mojar la cama simplemente porque llegan
a la edad en que superan su problema. También es cierto que algunos
enuréticos que no tienen síntomas diurnos pueden superar dicha condición con la edad; sin embargo, de acuerdo a mi experiencia y la de
un número importante de investigadores, los enuréticos acarrean el
problema físico durante su vida adulta. Tal vez dejen de mojar la cama si su sueño es más ligero y se despiertan con mayor facilidad, pero,
si no reciben un tratamiento, tendrán que levantarse de una a tres
veces (o más) durante la noche para orinar, y seguirán llevando la
carga de sus síntomas diurnos. Además, si se trata de varones, pueden sufrir una afección prostática y padecer dolores en las relaciones
sexuales. En el caso de las mujeres, presentarán infecciones frecuentes, y sentirán dolor durante las relaciones sexuales.

La siguiente es la historia de un hombre de negocios de 36 años a
quien atendí. Fue enurético hasta los 16 años y cuando dejó de mojar
la cama pensó que ya se había curado. Sin embargo, a pesar de que ya
no mojaba la cama, todavía tenía síntomas urinarios frecuentes durante
el día, y un flujo deficiente. Después presentó episodios de prostatitis,
así como eyaculaciones prematuras dolorosas. Las erecciones irritables le causaban tantos problemas que, para evitar pasar un momento
bochornoso, se detenía el pene con una cinta adhesiva al vientre y
constantemente usaba un suspensorio. Además, no podía dormir bien
en la noche porque tenía que levantarse al baño al menos tres veces.

Descubrí que todos sus problemas eran el resultado de su enuresis anterior: pequeños dobleces en la parte posterior de la uretra obstruían parcialmente el flujo de orina, ocasionando que ésta se inflamara. Después de un tratamiento sencillo, se eliminaron los dobleces desapareció el problema. ¡Estaba fascinado! Ya no tenía que levantarse al baño en la noche, sentirse apenado por las erecciones irritables, ni sufrir eyaculaciones prematuras y dolorosas. Obviamente hubiese sido mejor que le hubieran detectado y tratado las causas de su enuresis cuando todavía era niño.

Si, por desgracia, la prolongada enuresis de su hijo no cesa por sí misma (es decir, sin tratamiento), usted no puede suponer que los síntomas físicos han cesado. Continúe investigando y, de ser necesario, busque otro tratamiento.

Consecuencias debido a la falta de tratamiento para la enuresis

Uno de los resultados más graves cuando se deja el problema de la enuresis sin tratarse (como lo reportó Harry C. Miller en su revista *Consultant*) es que las anormalidades físicas descuidadas, incluso las enfermedades, pueden empeorar conforme crece el enurético.

He sido testigo de adultos enuréticos que sufren con una variedad de problemas que pudieron haberse evitado de haber recibido tratamiento para la enuresis (y sus causas subyacentes) desde la infancia.

Por ejemplo, una mujer de 45 años, quien padeció enuresis hasta los 36 años, se despertaba 3 ó 4 veces, casi todas las noches, para ir al baño. En ese tiempo, sufrió de infecciones urinarias frecuentes. Cuando presentaba una de estas infecciones o se enunciaba gripe o estaba muy cansada, seguía mojando la cama. Además, tenía que hacer un esfuerzo por orinar, y durante el día mojaba un poco la ropa interior cuando tosía, estornudaba o se reía. Tenía que orinar con mucha frecuencia. Ella decía que se la vivía en el baño.

Durante los exámenes, descubrí que el meato tenía un tamaño inadecuado, y la capa del mismo estaba inflamada debido a dicho bloqueo. Dicha situación era la responsable de tanto años de enuresis y el agravamiento de sus problemas. Luego de atenderla, agrandar el meato y dar tratamiento a la inflamación en el recubrimiento de la uretra, desaparecieron los síntomas diurnos de la mujer. A partir de entonces, sólo tuvo que levantarse una vez por la noche para ir al baño; a diez años de su recuperación, salvo en raras ocasiones, ha sufrido de infecciones urinarias. De haber recibido tratamiento para la enuresis (y sus causas colaterales) mucho antes, se habría ahorrado años de problemas, mismos que únicamente empeoraban con el paso del tiempo.

Además de los problemas físicos, resultado de la enuresis que no recibe tratamiento, tal condición provoca un gran daño en la autoestima y autoimagen de su niño. Por desgracia, los enuréticos sienten vergüenza, se apenan, limitan sus actividades sociales, sienten una tremenda impotencia y, en ocasiones, hasta padecen abuso mental o físico. Debido a lo anterior, la enuresis que no se trata provoca que algunos niños se vuelvan pasivos, tímidos y retraídos, y en otros genera un comportamiento sumamente agresivo y violento. Según los investigadores Daniel S. Hellman y Nathan Blackman en el *American Journal of Psychiatry*, la enuresis a largo plazo y no tratada durante la infancia se ha relacionado con la piromanía (impulso psicopatológico a provocar incendios) y la crueldad a los animales. En la edad adulta, se relaciona con la violencia e incluso el asesinato. La mayoría de tales conductas son el resultado del abuso mental y físico que sufren los enuréticos por parte de sus padres u otras personas que cuidaban de ellos, de los hermanos o de otros niños.

En un texto autobiográfico, el famoso escritor George Orwell, quien fue enurético, nos da una perspectiva de una situación durante su infancia: «En esa época [la enuresis nocturna] se consideraba una falta grave muy desagradable que un niño cometía a propósito. La cura adecuada era golpearlo. Noche tras noche rezaba, con un fervor que nunca había tenido en mis oraciones: ¡Por favor, Dios, no dejes que moje la cama! Pero no había una gran diferencia. Algunas noches sucedía, otras no. Qué desesperación, qué sensación de cruel injusticia, después de tanto que pedí, y otra vez despertarme entre sábanas frías y húmedas.»

Después de una golpiza particularmente fuerte por mojar la cama, Orwell recuerda: «Lloraba en parte porque sentía que eso era lo que se esperaba de mí, pero también por un verdadero arrepentimiento, aunque se debía en buena parte al dolor profundo que sentía, una sensación de desolación, soledad e impotencia, no sólo de estar encerrado en un mundo hostil, sino en un mundo donde imperaba el bien y el mal, y en donde me era imposible cumplir las reglas.»

Ahora podemos entender la relación que los investigadores establecen entre la enuresis a largo plazo y un comportamiento antisocial en el momento que nos enteramos del abuso padecido los niños que mojan la cama. Por ejemplo, uno de los homicidas que fue entrevistado en prisión por el autor Truman Capote (para el libro *A sangre fría*) era un hombre que de niño había sido enurético y había vivido en orfelinatos y casas hogar. Cuando mojaba la cama, las personas que cuidaban de él le pegaban de manera tan salvaje y lo castigaban con tal crueldad que en una ocasión estuvo a punto de perder la vida.

No sólo la enuresis, sino también los problemas diurnos que muchos enuréticos sufren (como mojar la ropa en la escuela) incomodan a los niños mucho más de lo que se imaginan los adultos. Desde luego que algunos enuréticos superan su problema y en la edad adulta llevan una vida plena; tal es el caso de personalidades como Michael Landon, Sigmund Freud, Salvador Dali, James Joyce y George Orwell. Algunos se convierten en médicos. De acuerdo a mi propia investigación, en la que cuestioné a cien médicos, 20 % de los médicos mojaban la cama cuando eran niños. Cuando en una reunión de urólogos el famoso especialista Victor A. Politano formuló la pregunta: «¿Cuántos de ustedes mojaban la cama cuando eran niños?» ¡Casi 50 % de los asistentes levantaron la mano!

Es importante recordar que su hijo no tiene control sobre la enuresis o los síntomas diurnos y necesita recibir tratamiento para las causas físicas de fondo.

¿Acaso un enurético necesita atención médica?

Todos los enuréticos necesitan atención médica. Se debe estar al pendiente y avisar a su médico cualquier síntoma o problema persistente que observe en su hijo.

El pediatra o médico familiar deberá realizar un historial clínico, llevar a cabo un exámen físico y solicitar un análisis de orina. Debe estar enterado de los flujos diurnos su hijo, y si la enuresis ha seguido su curso desde que nació o empezó después de un periodo de por lo menos seis meses en que no mojó la cama.

Entre otras cosas, el médico buscará descartar ciertas enfermedades como la diabetes, y encontrar problemas fácilmente discernibles, como un meato pequeño en el pene, enrojecimiento o molestias alrededor del área genital o anal, hemorroides o parásitos. Le preguntará a usted si su hijo tiene problemas de sueño, estreñimiento crónico o alergias. Cualquiera de estos síntomas pueden provocar o contribuir a la enuresis. Es de suma importancia que usted le informe al médico acerca de cualquiera de ellos, sin importar que no parezcan tener relación con la enuresis, y pedirle que los identifique.

El pediatra o médico familiar puede enviarle tratamiento para atacar algunas de estas afecciones, aunque le pedirá que visite al especialista.

Algunos tratamientos que son peligrosos y/o ineficaces

Deberá tener mucho cuidado al momento de decidir respecto al mejor tratamiento para su hijo, ya que los que ofrecen varios profesionales de la salud van de lo ridículo y dañino a lo provechoso y curativo. Asimismo, muchos tratamientos que se proporcionan crean confusiones. Algunos médicos recomiendan a los padres de familia que despierten al niño para llevarlo al baño; otros aconsejan lo contrario. Unos más sugieren que el enurético beba grandes cantidades de agua; y hay quienes advierten que no se beba.

En el pasado, algunos médicos recomendaban darle al niño sal o alimentos muy salados en la merienda o a la hora de dormir. Lo lamentable es que muchos padres de familia todavía llevan a la práctica esos consejos.

Lo importante es que usted sepa de lo peligrosos que son muchos de estos tratamientos. Aún cuando pueda levantar de la cama con toda tranquilidad al niño para llevarlo al baño, jamás debe darle grandes e inusuales cantidades de agua, ni tampoco suspenderle la ingesta de una cantidad razonable de líquidos. Cualquiera de dichos tratamientos puede ser inmoderado y dañar la salud de su hijo. El negarle que tome líquidos, en particular durante temporadas de calor o cuando tiene fiebre, es muy peligroso porque existe la posibilidad de que se deshidrate. De la misma manera, es tan inútil como peligroso el que un niño coma sal en exceso, aunque sabemos que los niños consumen bocadillos salados; pensemos en los graves problemas de salud que les pueden ocasionar.

El actor Michael Landon, quien fue enurético hasta los doce años, recordaba en una entrevista para *Family Weekly* que un médico lo puso a dieta de arenque picado, galletas saladas y nada de tomar agua antes de dormir. «Esa fue mi dieta antes de dormir durante cinco meses, y lo único que obtuve fue ¡una maldita sed! Casi me muero», comentó Landon.

Tenga mucha precaución con otros tratamientos conflictivos que a la fecha siguen sugiriendo los médicos. Es probable que algunos opinen que su hijo orine lo más frecuente posible a fin de forzar la vejiga, e iniciar y detener el flujo para fortalecer los músculos que retienen la orina. Dichos esfuerzos no sólo obligarán a que su hijo se preocupe en exceso sobre su proceso de micción, sino que también es inútil y una pérdida de tiempo. Peor aún, aguantarse el impulso de orinar puede causar un retroceso (reflujo) de orina de la vejiga a los riñones, lo cual es posible que degenere en un padecimiento renal.

A pesar de la evidencia actual de que la enuresis a largo plazo es un problema físico y no de comportamiento, los tratamientos que algunos médicos sugieren son psicológicos. En ellos se busca que el niño se responsabilice por mantenerse seco. En otros, se pide a los padres de familia y terapeutas que alienten y premien con estrellas doradas o regalos a los niños. No obstante, como se pudo apreciar con anterioridad y se verá con mayor claridad en capítulos posteriores, su hijo no puede controlar la enuresis conscientemente; sólo conducirá a su hijo al fracaso y le provocará un sentimiento de culpa y sufrimiento.

Hemos observado que algunos tratamientos involucran el uso de medicamentos. Uno de los que se prescribe con mayor frecuencia para todo tipo de enuresis es el Tofranil (clorhidrato de imipramina).

Este medicamento inhibe la micción, pero, de acuerdo a lo que muestran el *Physician's Desk Reference* y otras guías médicas, es peligroso, porque tiene efectos secundarios graves, que incluyen alteraciones en la piel, insomnio, inquietud, disminución de los glóbulos blancos, padecimientos renales e incluso la muerte. Una sobredosis de Tofranil es mortal. Le recomiendo que no lo use, excepto en campamentos u ocasiones que pase la noche fuera de casa. Desde luego que su uso debe ser bajo prescripción médica (las dosis varían de un niño a otro), y cada toma debe ser administrada por uno de los padres de familia o un adulto responsable. Debe guardar el medicamento en un lugar seguro fuera del alcance de sus hijos.

El tratamiento más eficaz para la enuresis de su hijo depende de qué la origina. El problema se solucionará únicamente si se tratan las causas que hemos mencionado a lo largo del libro.

Este capítulo le proporciona una descripción general para ayudarle a tener una perspectiva de la información que se detalla en los capítulos siguientes. Más adelante comprenderá las variadas causas y tratamientos para la enuresis. Le orientará en su búsqueda por descubrir la verdadera causa de que su hijo moje la cama y el mejor tratamiento. Lea cada capítulo en orden consecutivo. Mientras tanto, por favor recuerde que debe continuar con una actitud de apoyo y disponibilidad hacia su hijo enurético en tanto aprende cómo ayudarlo con su enuresis.

Lo que necesita saber acerca del aparato urinario de su niño

Con el fin de que entienda las muchas causas de la enuresis y los métodos del tratamiento que leerá en los capítulos posteriores, necesita aprender parte de la anatomía del aparato urinario y su funcionamiento.

No hay necesidad de que lo aprenda a detalle; en este capítulo se le ofrece una breve descripción, fácil de entender, sobre las principales partes del aparato urinario y cómo funcionan en conjunto. Le ayudará a entender cómo es que pequeñas anormalidades e incluso problemas intestinales, pueden afectar el aparato urinario de su hijo y provocar la enuresis nocturna y los síntomas urinarios diurnos.

Interacción de las partes del aparato urinario

El tracto urinario se compone de riñones, uréteres, vejiga y uretra (vea la ilustración 2.1), algunas glándulas pequeñas, y una glándula grande, la próstata. (Casi nadie sabe que las mujeres también tienen próstata, aunque de mucho menor tamaño que los hombres. Vea la ilustración 2.2).

Todos los órganos que contienen y transportan la orina se componen de músculos involuntarios lisos. Es decir, cuando la situación es normal, este tipo de músculo trabaja automáticamente, sin que seamos conscientes ni nos percatemos de su funcionamiento. Por lo general no sentimos las contracciones de los músculos lisos que empujan los alimentos a través de los intestinos. Los músculos involuntarios lisos son diferentes a los músculos voluntarios estriados que utilizamos para lanzar una pelota o correr.

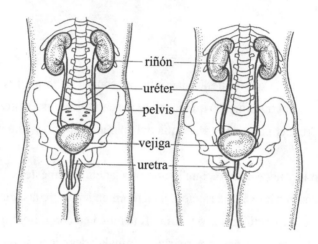

riñón

uréter

pelvis

vejiga

uretra

Ilustración 2.1 Los tractos urinarios masculino y femenino.

Además de los músculos lisos, los órganos del tracto urinario tienen una pared delicada y una textura elástica que le permite estirarse. Al igual que otros órganos contienen vasos sanguíneos y nervios.

Los riñones y uréteres

Los riñones, que filtran las impurezas en la sangre y producen la orina, son órganos en forma de frijol, del tamaño de un puño (de unos quince centímetros de longitud y ocho centímetros de ancho en los adultos; proporcionalmente más pequeños en los niños). Se encuentran a lo largo de la pared posterior de la cavidad abdominal, a cada lado de la columna. Los conductos que transportan la orina de los riñones a la vejiga se llaman uréteres. Estos miden unos 25 centímetros de largo y medio centímetro de ancho (el grosor de un lápiz) en los adultos, y proporcionalmente más cortos y angostos en los niños. Los uréteres descienden de cada riñón hasta la base de la vejiga.

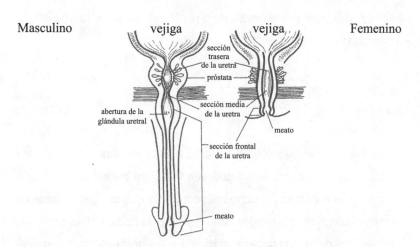

Ilustración 2.2 La uretra y la glándula prostática en el hombre y la mujer.

La vejiga

La vejiga es un órgano muscular en forma de balón que actúa en el área donde se almacena la orina y funciona como una bomba. Se distiende para almacenar la orina y se contrae para bombear o expulsarla. En un neonato, la vejiga retiene sólo una o dos onzas de orina, pero cuando el niño cumple un año, la vejiga guarda cuatro veces la cantidad anterior. Por lo general, los lactantes de tres a seis meses orinan cerca de 20 veces al día, y los bebés de seis a doce meses orinan 16 veces. Durante la pubertad, la mayoría de los jóvenes alcanzan el patrón de eliminación de un adulto: de cuatro a seis micciones al día, de ocho a diez onzas en cada ocasión. Sin embargo, existen muchas variables de una persona a otra.

La cantidad de orina que expulsa una persona no es toda la cantidad que puede contener la vejiga. Normalmente, las personas experimentan la primera sensación de orinar (o eliminar) cuando la vejiga contiene de cinco a siete onzas, pero por lo regular no orinan hasta que almacena cerca de 10 onzas.

La uretra

La uretra (vea de nuevo la ilustración 2.2) es un conducto en forma de tubo que transporta la orina desde la vejiga hasta expulsarla del cuerpo, y es un órgano mucho más complejo que la vejiga. Tanto en hombres como en mujeres, no sólo descarga la orina sino también las secreciones de la glándula prostática. En los hombres, también descarga el semen. En sus paredes contiene los músculos involuntarios lisos que se contraen de manera automática para evitar que la orina salga del cuerpo cuando la vejiga almacena la orina. Los mismos músculos involuntarios se distienden para permitir que la orina pase cuando la vejiga bombea, con el fin de expulsarla. La uretra también contiene una enorme cantidad de terminaciones nerviosas sensibles al estímulo sexual.

La uretra está constituida por tres secciones que llamamos posterior, media y frontal. La sección posterior empieza en el cuello de la vejiga y atraviesa, como si fuera un túnel, por la glándula prostática. Esta sección de la uretra, tanto en adultos hombres como mujeres, tiene una longitud de un poco más de dos y medio centímetros.

A lo largo de la pared posterior de la uretra atraviesa un reborde angosto, fusiforme, de tejido llamada, cresta (vea la ilustración 2.3). En el hombre aparece con relieve y en la mujer es más sutil. Tanto en hombres como en mujeres, la cresta empieza justo debajo de la abertura en la vejiga, formando poco a poco un reborde dentro de la parte posterior de la uretra, y luego disminuye su tamaño hasta dividirse en dos filamentos y desaparece en la sección media. Una hendidura corre a cada lado de la cresta. Los conductos (canales) desde la próstata se vacían en la hendidura. A través de estos conductos, la glándula prostática envía las secreciones hacia la uretra. En los hombres, la mitad de la cresta conforma una pequeña estructura en forma de montículo llamada verumontánum, la cual contiene dos aberturas en su superficie. Al momento del orgasmo, el semen pasa de los conductos hasta ambas aberturas, donde el semen entra a la uretra y es expulsado.

La sección media de la uretra, tanto en hombres como en mujeres, tiene una longitud de menos de dos y medio centímetros. Está rodeada de músculos voluntarios que se describirán posteriormente.

Después de atravesar estos músculos, las uretras masculina y femenina difieren en gran medida (vea una vez más la ilustración 2.2). En los dos casos, la uretra atraviesa por el piso pélvico. En los hombres, la sección frontal se extiende varios centímetros (la longitud del pene) y termina en una estructura tipo boquilla, donde se abre hacia el exterior (el meato). En las mujeres, la sección frontal de la uretra consiste únicamente en la boquilla, cuya longitud es apenas de un centímetro.

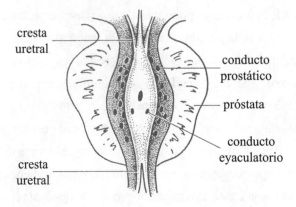

cresta uretral

conducto prostático

próstata

conducto eyaculatorio

cresta uretral

Ilustración 2.3. La cresta uretral y la próstata en los hombres. La cresta es un tejido de reborde angosto que descansa en la pared de la sección posterior de la uretra. Contiene las aberturas de los conductos, a través de los cuales pasa el semen hacia la uretra. Una hendidura a cada lado de la cresta contiene muchos conductos, mediante los cuales las secreciones se introducen en la uretra.

Cabe destacar que la uretra y la vejiga tienen una relación estrecha respecto del canal anal o el recto (a través del cual pasan los desechos sólidos). Todo se origina a partir de una estructura tipo saco en la pelvis de un embrión en desarrollo. Conforme crece el feto, una división separa el saco en dos partes: la parte frontal se convierte en la vejiga y la uretra, y la posterior en el ano y el recto. Dichas estructuras contienen ramificaciones de los mismos nervios y vasos sanguíneos (durante toda la vida del individuo).

La glándula prostática

La próstata es una glándula con una estructura esponjosa, del tamaño de una castaña en los hombres y de forma plana en las mujeres. (La próstata plana de las mujeres se asemeja a la próstata de un niño que aún no llega a la pubertad). En el hombre adulto, la próstata encierra la parte posterior de la uretra como un collar alrededor del cuello de un caballo. En las mujeres, también abraza la uretra, pero de manera mucho menos prominente. La glándula prostática contiene numerosos conductos pequeños (canales) que transportan las secreciones prostáticas hacia la uretra. (Vea la ilustración 2.3). Nadie tiene la certeza acerca del funcionamiento de esta glándula, y la gente bien podría vivir muy bien sin ella.

Si los animales viven sin próstata, podríamos preguntarnos por qué necesitamos una. La respuesta tiene que ver con un vestigio: la glándula aromática de los animales que evolucionó como un medio de sobrevivencia. Sin los poderes sofisticados del aroma y el olfato, casi ningún animal podría sobrevivir en la vida silvestre, del mismo modo que los seres humanos no podrían sobrevivir sin la vista. Los animales usan el aroma y el olfato para delimitar su territorio, distinguir a un amigo de un enemigo, descartar y seguir huellas, detectar a la presa, evitar a los depredadores y atraer a la pareja sexual.

Conforme el macho hace sus rondas diarias, periódicamente expulsa un chorro de orina que contiene el aroma que proviene de su glándula prostática sobre troncos de árboles, arbustos y otros objetos. Este aroma marca su territorio y advierte a otros para que se mantengan alejados; también es un mensaje para la hembra, la cual puede responder y buscarlo en una ruta delimitada.

Con el paso del tiempo, el sentido del olfato en los seres humanos ha disminuido en comparación con el sentido del olfato de otros animales. La internacionalmente reconocida escritora científica británica, Elaine Morgan, dice en su libro *The Descent of Woman* que el potencial del olfato de los seres humanos es apenas una millonésima parte comparado con el de un perro. Aún así, los seres humanos todavía poseen una glándula prostática. El prominente urólogo O. S. Lowsley escribió en su libro *Sexual Glands of the Male* que la glándula prostática produce un olor aromático singular. Debido a lo anterior, podemos suponer que la glándula produce un aroma sexual que ya no empleamos.

Esfínteres

Los esfínteres son músculos en y alrededor de la uretra que actúan como compuertas para controlar el flujo (ver ilustración 2.4). Estos esfínteres se conforman con dos tipos de músculos: los músculos involuntarios que trabajan automáticamente, y los músculos voluntarios que funcionan bajo control.

Los músculos lisos que se encuentran en el cuello de la vejiga y los que conforman las paredes de las partes posterior y media de la uretra, son músculos involuntarios internos.

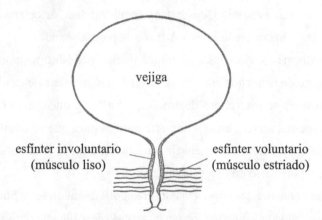

Ilustración 2.4. Los esfínteres son músculos que impiden la pérdida de orina. Los músculos involuntarios del cuello de la vejiga y la parte posterior de la uretra constituyen el esfínter interno. Trabajan automáticamente. Los músculos voluntarios que rodean la uretra conforman el esfínter exterior. Trabajan bajo control. Los músculos voluntarios ayudan a los involuntarios, pero no pueden mantener el control por sí mismos.

Una parte de los músculos estriados que rodean la parte media de la uretra, son voluntarios. Este grupo de músculos forma el esfínter externo. De hecho, existen dos capas de músculos en el esfínter externo. Los músculos voluntarios que están más cercanos a la uretra contienen fibras espasmódicas que reaccionan lentamente, aunque resisten el cansancio. La capa exterior del esfínter externo contiene fibras espasmódicas que reaccionan rápidamente aunque pronto se cansan. El grupo espasmódico lento permite que una persona no tenga que ir al baño durante cierto tiempo, en tanto el espasmódico rápido posibilita que la persona deje de orinar repentinamente. El ser humano utiliza el grupo espasmódico rápido en condiciones de alta presión como toser, estornudar, levantar objetos pesados o en situaciones que amenazan con hacernos perder involuntariamente un poco de orina.

Además de los esfínteres interno y externo, tenemos el piso pélvico, que se extiende en la cavidad pélvica como una hamaca y sobre la cual se apoyan la vejiga y el recto. Aunque el piso pélvico en realidad no es un esfínter, contiene músculos voluntarios que pueden ayudarle a evitar la salida de orina durante poco tiempo. Al contraerse los músculos del piso pélvico, se levanta la base, lo que ayuda a cerrar el cuello de la vejiga. Tanto la uretra como el conducto anal atraviesan los músculos del piso pélvico que, al apretar de manera temporal ambos conductos evitan la pérdida involuntaria de orina o heces fecales. Cuando, por el contrario, se relaja la pared pélvica, los desechos pueden fluir. El hecho es que una persona que no puede relajar este músculo de modo adecuado, no puede orinar normalmente.

A pesar de las funciones que realizan los músculos voluntarios, el cuello de la vejiga y la uretra (músculos involuntarios) son los esfínteres esenciales. El daño a estos esfínteres da como resultado la incontinencia (falta de control sobre la micción). Los músculos voluntarios pueden detener por sí mismos la salida de orina sólo breve y temporalmente.

El funcionamiento del tracto urinario

Aproximadamente 160 litros de sangre fluyen a través de los riñones durante el día. Los riñones funcionan como filtros inteligentes que separan y expulsan los productos de desecho de la sangre y producen la orina, al tiempo que envían las sustancias que necesita el cuerpo de regreso a la sangre. Los uréteres llevan la orina de los riñones a la vejiga, en donde se almacenan hasta su eliminación.

El ciclo de la orina

Al principio, la vejiga contiene la orina sin que se esté consciente de ello. Cuanto más se llena la vejiga, más aumenta la presión en la vejiga y dentro de la uretra (que automáticamente se contrae). Las terminaciones nerviosas (neuroreceptores) de la vejiga transmiten mensajes al sistema nervioso autónomo (que trabaja automáticamente); en cambio, el sistema nervioso ordena a la vejiga que permanezca en calma hasta recibir la orina, y la uretra permanece contraída con el fin de evitar la salida de orina. Las fibras espasmódicas lentas del esfínter voluntario también se contraen.

Es probable que la persona sienta una leve necesidad de orinar cuando la vejiga contiene de cinco a siete onzas de orina (menos de una taza). Conforme aumenta la cantidad de orina, la presión de las terminaciones nerviosas de la vejiga y las paredes uretrales, comienzan a enviar señales hacia el cerebro indicando que es momento de orinar. (La sensación experimentada cuando se dice que se tiene la vejiga llena, en realidad ocurre principalmente en las áreas uretral y la parte baja de la vejiga. De hecho, aún si la vejiga no contiene una gota de orina, la presión sobre la parte posterior de la uretra, como la presión de un catéter, provoca la sensación de orinar.) En respuesta a la sensación de querer orinar, el cerebro envía mensajes que ordenan a los esfínteres voluntarios que se contraigan. Usted lo ha hecho toda su vida, aunque usualmente no se piensa en ello, pero es una acción voluntaria. Cuando una persona contrae su esfínter voluntario, evita vaciar su vejiga hasta que llega al baño. Cuando está preparada la vejiga, su cerebro ordena a los esfínteres voluntarios y al músculo del piso pélvico que se relajen. Por consiguiente, los esfínteres involuntarios también lo hacen; la orina entra en la uretra y se inicia el proceso de eliminación. Las terminaciones nerviosas en la uretra que sienten el paso de la orina, mantienen a la uretra en calma y evitan que se contraiga la vejiga hasta que se vacíe. Luego se contraen los músculos voluntarios que rodean a la uretra para expulsar la orina restante.

El flujo de la orina

La orina que atraviesa por la uretra fluye como el agua del río. Sigue las leyes físicas de los fluidos. Dependiendo de las condiciones, el flujo es suave y uniforme (laminar) o agitado y brusco (turbulento). (Vea la ilustración 2.5). Dentro de la uretra, el flujo de orina ejerce una presión lateral (llamada presión estática) contra las paredes de la uretra, y otra con movimiento hacia adelante (o dinámica) que preserva el flujo continuo. Se puede entender lo que sucede cuando la orina fluye a través de la uretra si se imagina el agua que pasa a través de la manguera de un bombero: La presión estática (lateral) cambia la forma de la manguera de plana a circular, y la presión en movimiento impulsa el flujo hacia adelante.

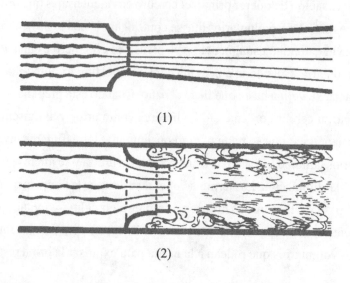

(1)

(2)

Ilustración 2.5. Flujo del líquido. (1) Flujo laminar: la corriente es tranquila y uniforme. (2) Flujo turbulento: la corriente es agitada, brusca, y revuelta.

Cuando el interior del conducto no tiene el mismo grosor de principio a fin, es decir, cuando que en algunas zonas es más ancho o angosto que en otras, pueden presentarse afecciones de suma importancia. Si el flujo pasa de un área angosta a una ancha, es menor la velocidad del flujo, pero la presión interna aumenta y se tiende a empujar y separar más las paredes del conducto. Por otro lado, cuando el flujo va de una zona ancha a una angosta, aumenta la velocidad del flujo, pero baja la presión interna, provocando succión ocasionando que las paredes del conducto se contraigan (Principio de Bernoulli).

La forma y el diámetro de la boquilla al final de una manguera o tubo son muy importantes. Determinan en gran medida la forma y fuerza del agua que sale de ésta. Una boquilla muy abierta produce un flujo grande y suave, mientras una boquilla angosta genera un flujo estrecho y potente. A menor tamaño de la boquilla, más lejos se llegará el flujo, siempre y cuando el sistema conserve la presión. Quien haya ajustado la boquilla de una manguera de jardín y al mismo tiempo mantenga la misma presión del agua, conoce los resultados.

¿De qué manera se aplican dichos factores al aparato urinario? Cuando una persona va al baño, la orina pasa despacio, con una presión estática alta (lateral), entra por la angosta sección posterior de la uretra (la cual se angosta todavía más a través de la cresta uretral), y se mueve con rapidez, mediante una presión estática (lateral) creando succión. En un artículo de 1974 en que fuí coautor, junto con Arthur Ginsburg y Arthur Babson, demostré que, dado a que la glándula prostática produce secreciones que encontramos en la orina eliminada, esta caída en la presión estática puede succionar las secreciones hacia el flujo urinario.

En los hombres, cuando el flujo llega a la parte más ancha de la uretra, disminuye en velocidad pero aumenta en presión. El área donde aumenta la presión abre las paredes de la sección frontal de la uretra, que tiene poco músculo y no puede abrirse por sí sola. En las mujeres, la orina se mueve con rapidez bajo una presión estática baja y a través de una uretra femenina mucho más corta. (Recuerde que en las mujeres, la parte frontal de la uretra consta únicamente de boquilla). La presión que produce un movimiento hacia adelante empuja y expulsa el flujo. Tanto en las mujeres como en los hombres, el tamaño y el diseño de la boquilla determina la forma y velocidad de salida del líquido. Es más fácil distinguirlo en los niños que en las niñas, aunque la forma y velocidad de salida puede indicar al médico si la presión de eliminación es normal o no, y si podría haber una obstrucción en la uretra. Por ejemplo, un flujo que se ensancha antes de adelgazarse, por lo general indica condiciones normales. Un flujo que es

59

muy rápido y recto señala que tal vez exista una parte en la uretra que se angosta de manera anormal.

¿Qué tienen que ver los conductos, presiones y boquillas con la enuresis? Bastante.

¿Qué sucede cuando el aparato urinario no funciona correctamente?

La vejiga, la uretra y el flujo urinario tienen un equilibrio que se altera con suma facilidad. Por ejemplo, si una persona presenta inflamación de vejiga (cistitis), ésta se contrae bajo una presión anormal y envía la orina hacia la uretra mucho más rápido de lo que puede controlar. De igual forma, la reducción en una fracción de centímetro en la abertura de la uretra, una pequeña constricción u obstrucción, un ligero debilitamiento y estrechamiento de la paredes, o un área áspera en su capa pueden ocasionar que el flujo sea anormal.

Un flujo anormal da como resultado una serie de problemas graves, aunque con frecuencia desapercibidos. El flujo turbulento y veloz lastima las delicadas capas de la uretra. Por lo tantom la presión lateral anormal impide el paso de las secreciones provenientes de la próstata (provocando su inflamación) o incluso puede enviar hacia la glándula orina o bacterias que causan infecciones. Un punto sumamente importante es que la presión anormal puede forzar y debilitar los esfínteres que previenen la pérdida de orina (vea la ilustración 2.6). Asimismo, los nervios irritados por las presiones anormales pueden provocar que se relaje la uretra y la vejiga se contraiga antes de lo debido. Las acciones anormales del sistema uretral puede variar, desde lo difícilmente notable a lo dolorosamente evidente.

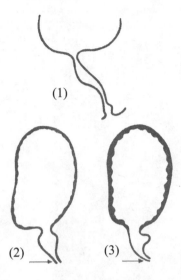

Ilustración 2.6. Los efectos de la obstrucción uretral. Los contornos trazados a partir de unas placas de rayos X muestran en (1) una vejiga y uretra
normales y (2 y 3) otras anormales. Las flechas indican las áreas de la obstrucción uretral. Las presiones detrás de la obstrucción forzaron y debilitaron los
músculos de las paredes uretrales, que deben permanecer fuertes con el fin
de evitar la pérdida de orina.

La mínima alteración en el funcionamiento normal del cuerpo puede causar problemas. Piense en algo que se le mete al ojo, en una uña
enterrada, o en las caries de una muela, y la forma en que estas situaciones le afectan. En este sentido, no debería uno sorprenderse de
que ligeras constricciones o inflamaciones y otros factores físicos
afecten los procesos del tracto urinario inferior y se pierda el control.

Esta descripción general del sistema urinario le será de utilidad
para entender los temas de los capítulos posteriores, en especial los
que explican la forma en que las anormalidades en la uretra, el estreñimiento crónico, las enfermedades y las reacciones alérgicas contribuyen a la enuresis.

Factores del sueño que contribuyen a la enuresis nocturna

Al igual que sucede con la mayoría de los enuréticos ¿es casi imposible despertar a su hijo? Aun cuando el sueño pesado muchas veces no sea la principal causa de la enuresis, con frecuencia contribuye a la misma. Es importante que usted entienda la importancia de estos factores en relación con la enuresis.

La función del sueño pesado en la enuresis nocturna

Los padres de familia de muchos enuréticos a quienes les he dado tratamiento, describen a estos niños como personas con un sueño sumamente pesado, mucho más difíciles de despertar que sus hijos que no mojan la cama. Dicen que sus hijos enuréticos no se despiertan por los truenos y relámpagos, sirenas de patrullas, ruido de aspiradora, sistemas de alarma, estímulo físico, ¡ni cuando se caen de la cama! Un médico me contó que su hijo enurético se cayó de la litera superior. ¡El niño se fracturó la muñeca pero siguió dormido hasta la mañana siguiente!

Es usual que los padres de familia digan que sus hijos enuréticos no duermen sino que se desmayan. 90 % de los padres de más de 3 000 pacientes enuréticos que tanto mi socio como yo tratamos, afirmaron que a sus hijos enuréticos les cuesta mucho trabajo despertar. Estos niños sufren de un trastorno que les hace dormir a pesar de estímulos o impulsos urgentes, como la necesidad de orinar. Al mismo tiempo, aprendimos que los niños que también padecen problemas urinarios (como la necesidad de hacerlo frecuentemente y con urgencia inmediata), tienen un sueño ligero y se despiertan en la noche para ir al baño, en ocasiones muchas veces durante la noche.

En uno de los primeros estudios que realicé, dividí en dos grupos a 450 niños con problemas urinarios. En el grupo uno habían 300 niños con problemas durante el día y la noche: frecuencia y urgencia urinaria diurna, y enuresis nocturna. Los 150 niños del grupo dos tenían los mismos síntomas urinarios diurnos pero no mojaban la cama. Luego les pregunté a los padres de familia respecto al sueño pesado de sus hijos. En el grupo uno, 90 % de los padres describieron a sus hijos (enuréticos) como personas de un sueño muy pesado; estos niños no se despertaban para orinar. En el caso del grupo dos, 80 % de los padres indicaron que sus hijos (que no eran enuréticos) tenían un sueño ligero. Estos niños se despertaban en la noche para ir al baño.

Los datos que obtuve son similares a los publicados en *Acta pediatrica* por el investigador danés Soren Wille, quien pidió a un grupo grande de padres de familia que despertaran a sus hijos a las cinco de la mañana. De acuerdo a los informes de los padres de familia, 75 % de los niños le era difícil o casi imposible despertar, comparado con el 7 % de los que no mojaban la cama.

Aunque sabemos que esta dificultad para despertar aflige a la mayoría de los enuréticos (tanto los que sufren de síntomas diurnos como quienes no los padecen), todavía no sabemos qué lo provoca.

Cuatro etapas del sueño

Los conocimientos que tenemos acerca de las etapas del sueño proporcionan algunas claves respecto a la función del sueño pesado en la enuresis. Con el uso de instrumentos eléctricos que miden la actividad cerebral, la actividad celular en los músculos y los movimientos oculares, así como los que miden la presión en la vejiga, la presión arterial, el pulso y la inspiración, los científicos desarrollaron la imagen EEG (electroencefalográfica) del sueño y su relación con la enuresis.

El sueño consta de dos fases. En el periodo en que ocurren la mayoría de los sueños, el cual se caracteriza por movimientos oculares rápidos (sus siglas en inglés son REM, *rapid eye movements*) y se conoce como el sueño REM. La otra fase se denomina sueño sin REM, un periodo en el cual hay pocos sueños y no se presentan movimientos oculares rápidos. esta etapa sin REM se divide en las etapas dos, tres y cuatro del sueño. Algunos investigadores, como el eminente Roger J. Broughton, considera las etapas tres y cuatro de «sueño profundo», ya que en estos periodos los latidos, la respiración, el tono muscular y la actividad mental parecen estar en sus niveles más bajos. Las cuatro etapas se repiten por ciclos durante la noche.

Según el investigador Howard P. Roffwarg y sus socios, los niños pequeños pasan más tiempo en las etapas del sueño profundo tres y cuatro que los mayores. Lo anterior significa que, conforme crecen los niños, pasan menos tiempo en las etapas de sueño profundo tres y cuatro, y más en las etapas uno y dos, que es cuando se despiertan con mayor facilidad. (Este hecho ayuda a explicar el motivo por el que cada vez menos niños mojan la cama conforme crecen, aun cuando puedan existir otras causas que no desaparecen.)

Los patrones de las ondas cerebrales registrados en el EEG indican que, conforme se repiten los ciclos durante la noche, la profundidad en el curso de las cuatro etapas es más ligera, y es probable que sea más fácil despertar al niño en los últimos ciclos. Sin embargo, de acuerdo a lo que informaron los investigadores Charles H. Best y Norman B. Taylor en su libro *The Physiological Basis of Medical Practice*, algunos niños pueden caer en un sueño más profundo justo antes de la mañana. Quizá estos hechos expliquen que, aunque los niños pueden mojar la cama durante cualquier etapa del sueño, lo hacen con mayor frecuencia durante el primer tercio de la noche (cuando el sueño es más profundo), algunos se mojan de nuevo antes del amanecer (cuando sucede otro periodo de sueño profundo).

Otro punto interesante acerca del sueño es que todas las etapas del mismo son más ligeras conforme se tiene más edad, es por eso que la persona despierta con mayor facilidad en cualquier etapa del sueño.

Algunos investigadores creen que el sueño en niños enuréticos no difiere de aquéllos que no mojan la cama. Sin embargo, de acuerdo a mis años de experiencia clínica, así como a la experiencia e investigaciones de muchos otros (incluyendo el informe reciente de Soren Wille, que se mencionó con anterioridad en este capítulo), la evidencia del sueño pesado en los enuréticos es muy fuerte. Ya sea que se conozca como sueño pesado, sueño profundo o trastorno para despertar, es mucho más difícil despertar a la mayoría de los enuréticos que a casi todos los niños que no mojan la cama.

La participación del sueño pesado en la enuresis

El sueño relaja los músculos voluntarios, es decir, los que utilizamos para los movimientos deliberados, como lanzar una pelota o caminar. Algunos músculos voluntarios que descansan durante el sueño son los que una persona usa para contener brevemente la orina hasta que puede ir al baño. Si su hijo tiene sueño pesado, estos músculos voluntarios no le sirven de nada.

El sueño no relaja los músculos involuntarios, como los del intestino, los uréteres, la uretra, y la vejiga. Éstos siguen funcionando. Cuando se relajan los músculos involuntarios de la uretra y se contrae la vejiga, se expulsa orina. Los investigadores Henri Gastaut y Roger J. Broughton reseñan en el libro *Recent Advances in Biological Psychiatry,* que la presión y las contracciones de la vejiga aumentan en los enuréticos conforme llegan al sueño profundo. Si su hijo tiene sueño profundo, no controla las contracciones involuntarias y por consiguiente moja la cama.

Los sueños no provocan enuresis

Algunas personas (incluso médicos) solían pensar que la causa de que un niño mojara la cama se debía a algo que hubiera soñado, pero esa teoría no se considera válida.

Según Gastaut y Broughton, el episodio de la enuresis por lo general se inicia con un incremento en las contracciones de la vejiga, los movimientos corporales y los latidos y las respiraciones durante el periodo en que la persona duerme, pero no sueña. Conforme se vacía la vejiga, se aligera el sueño, alcanzando periodos de un despertar momentáneo. Después de la orinar, el enurético se vuelve a quedar dormido muy rápido hasta llegar al sueño profundo en el que se encontraba antes de que mojara la cama. Despertar a un niño justo después de que mojó la cama, requiere de un esfuerzo considerable. A diferencia de quienes no son enuréticos, cuando se despierta a los niños que mojan la cama, reaccionan con mucha lentitud a la luz que les da en los ojos. Asimismo, presentan confusión, desorientación y no se percatan de que están acostados en una cama mojada. Normalmente no se reportan sueños en ese periodo, aunque con frecuencia algunos niños indican haber soñado que orinaban en un baño u otro lugar parecido. Sin embargo, según los investigadores, los sueños no ocurren durante el episodio real de enuresis, sino después, cuando el sueño es ligero. Conforme los niños pasan a una etapa de sueño más ligera, sienten la humedad de la cama y sueñan que están en el baño. De hecho, si las sábanas se retiran inmediatamente después de haber orinado, estos sueños no se presentan en absoluto.

Resulta interesante saber que cuando los enuréticos se despiertan en una cama seca, creen firmemente que no mojaron la cama, y discutirán a más no poder al respecto. ¡Olvidan por completo el episodio!

Deficiencia de vasopresina en algunos niños

Al dormir, los riñones continúan produciendo orina, aunque normalmente una hormona llamada vasopresina ocasiona que los riñones produzcan menos orina en la noche que durante el día. Por desgracia, al igual que muchos investigadores, Marie Birkasova y sus socios (en la revista *Pediatrics*) han demostrado que en un número importante de enuréticos, dicha hormona no trabaja muy bien. Estos niños generan casi cuatro veces más orina en la noche que lo que puede contener la vejiga. Por tanto, la deficiencia de vasopresina, que tal vez sea genética (hereditaria), en combinación con el sueño pesado, da como resultado que los niños se orinen en la cama en cantidades abundantes. (La deficiencia de vasopresina y el tratamiento para esta situación se detallan en el capítulo 8.)

El sonambulismo, los terrores nocturnos, y la enuresis

Hablando de patrones de sueño y otras particularidades, los enuréticos tienen mucho en común con los sonámbulos y los que sufren miedo por las noches, condiciones que se relacionan con la dificultad para despertar. Los investigadores la denominan alteración del sueño. Estas alteraciones ocurren con mayor frecuencia en la primera etapa de la noche, cuando la persona no ha llegado al sueño. Si se despierta a los niños en esos momentos, presentaran confusión y recordaran muy poco del acontecimiento.

La enuresis, el sonambulismo y los miedos nocturnos vienen de familia. De hecho, la probabilidad de que los sonámbulos tengan un enurético en la familia es de cuatro a uno comparado con quienes no lo padecen. Los episodios de sonambulismo son más frecuentes entre los enuréticos. Los niños por lo general crecen y superan estas alteraciones al llegar el final de la adolescencia. Existen investigadores como Roger J. Broughton y Anthony Kales quienes consideran que existe una relación de fondo.

Es importante recordar que el sonambulismo, los miedos nocturnos y la enuresis se relacionan con las dificultades para despertar de los niños que no pueden controlar el sueño pesado, a pesar de lo mucho que deseen controlarlo.

Es probable que algunos sonámbulos incluso pretendan ir al baño. La evidencia es anecdótica pero interesante. Varios padres de familia me describieron la forma en que sus hijos enuréticos y sonámbulos caminaron hacia los botes de basura, los cestos grandes y las esquinas de las habitaciones donde se orinaban, todavía dormidos. Los médicos Gastaut y Broughton, al trabajar con sonámbulos, propiciaron ataques de sonambulismo haciendo beber grandes cantidades de agua a sus pacientes antes de irse a dormir, y despertándolos del sueño profundo. Los sujetos en ese momento deambularon hasta llegar a un baño distante y, acto seguido, regresaron a la cama. Después del episodio, cuando los levantaron de nuevo, los sonámbulos no recordaban el acontecimiento.

Tratamiento para la enuresis nocturna provocada por el sueño profundo

El sueño pesado no es un factor determinante, pero en algunos casos es la causa principal de enuresis.

¿Cómo puede tratar la enuresis de su hijo si la única causa es el sueño profundo y no tiene ningún otro problema físico alterno? Durante cierto tiempo, se intentó tratar el problema con medicamentos para aligerar el sueño, pero desistió porque provocaban efectos secundarios no deseados y se pensó que creaban adicción.

La solución más práctica puede ser una alarma o un sistema vibrador para la humedad (artefacto que puede comprar en una farmacia, una tienda especializada en instrumental médico, una tienda departamental o puede ordenarlo por correo). Estos sistemas están disponibles con una variedad de características, pero todos operan bajo el mismo principio general. Algunos consisten en una almohada especial; una fuente de energía (pila); y una alarma, sirena, o vibrador. Otros están acondicionados con un pequeño sensor (con un timbre eléctrico o un vibrador), que se sujeta a la ropa interior del niño. Algunos de los sistemas más populares son Potty Pager, Starry Night, y Night Train'r. (Vea en la ilustración 3.1 los tipos más populares.)

Coloque la almohada bajo el cuerpo de su hijo o sujete el sensor a su ropa interior; cuando empiece a mojarse, el circuito se cerrará y activará el ruido o la vibración. Lo ideal es que su hijo se despierte y deje de orinarse, se apague el sistema, vaya al baño, se cambie la ropa, regrese a la cama, y el dispositivo se reactive. Es probable que tarde de uno a seis meses antes de dormir toda la noche sin orinarse.

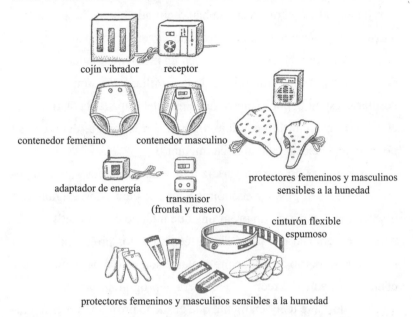

Ilustración 3.1. Algunos tipos de alarmas para humedad. Reimpreso con autorización de Travis Internacional Inc.

Entre los niños que han mejorado, que no presentan otra causa para mojar la cama y que utilizan de manera constante la alarma o el sistema vibrador para la humedad, 70 % han dejado de mojar la cama. 40 % se orinó de nuevo, pero si empleaban el artefacto de nuevo, dejaron de mojar la cama.

Nadie sabe a ciencia cierta cómo funciona el sistema de alarma para la humedad, y su descubrimiento fue accidental. Originalmente, se introdujo un dispositivo en un sanatorio para indicar a las enfermeras que los niños mojaban la cama y necesitaban un cambio de ropa. El Dr. Meinhard Pfaundler, pediatra de la institución, se sorprendió al descubrir que con el uso del aparato había una disminución gradual, pero muy significativa en el número de casos de enuresis.

El sistema de alarma para la humedad tiene sus inconvenientes. Por lo general es seguro, pero se han reportado quemaduras por frío o irritaciones ocasionales. Por otro lado, el sensor se puede humedecer con el sudor y activar la alarma en un momento inadecuado. Podría despertar a otros miembros de la familia. Peor aún, tal vez no despierte a su hijo, por lo que alguien más debe apagar la alarma, y el enurético no recibiría beneficio alguno. Sin embargo, debido a su porcentaje de éxito, vale la pena intentarlo.

Los sistemas de alarma para la humedad modernos son más pequeños, de buen gusto y económicos que los antiguos. Algunos se ofrecen como parte de un programa que incluye un instructivo y supervisión personal por parte de un técnico; estos programas suelen ser costosos, por lo que debe preguntarse sobre su funcionamiento y el entrenamiento del técnico que opera el programa.

Es importante tener en mente que el sueño profundo no es la única causa de la enuresis más persistente. Por lo general, el sueño profundo es un factor que incide, pero la causa principal es una ligera anormalidad urológica, deficiencia de vasopresina, estreñimiento crónica y, en menor medida, intolerancia a los alimentos, diabetes, anemia drepanocítica, afección renal o problemas intestinales. Es de suma importancia que usted obtenga el tratamiento y la solución a cualquier anormalidad, deficiencia, intolerancia o enfermedad, sin tratar de ocultar los síntomas de enuresis con un sistema de alarma para la humedad. (Desde luego, el sistema de alarma para la humedad no sirve para los problemas urinarios diurnos ni resuelve las causas subyacentes).

Para muchos niños es necesario un sistema de alarma para curar o controlar la enuresis. Para otros es probable que una alarma para la humedad ofrezca una asistencia adicional después de tratar la causa principal. Para los niños cuya enuresis nocturna se debe únicamente a un problema de sueño, el tratamiento más seguro y eficaz es la alarma.

Descarte oportunamente las enfermedades

Diversas enfermedades y trastornos pueden provocar o contribuir a la enuresis nocturna. Algunas ocasionan que el niño moje la cama después de haber estado seco durante seis a doce meses (enuresis secundaria), otras causan la enuresis de nacimiento (enuresis primaria). Entre las enfermedades se encuentran: diabetes mellitus, diabetes insipidus, hipertiroidismo (exceso de actividad de la tiroides), anemia drepanocítica, padecimientos renales, enfermedades del sistema nervioso y el trastorno por déficit de atención con hiperactividad. Tales padecimientos, aunque son raros, deben descartarse.

Si existe la posibilidad de que su hijo sea uno de los pocos casos de enuresis debido a una de estas enfermedades, en este capítulo se describen los síntomas para que usted pueda reconocerlos y notificar a su médico. (Bajo cualquier circunstancia, pida a su pediatra o médico familiar que examine a su hijo para detectarlos.) Es evidente que cualquiera de estas enfermedades o afecciones requieren de atención médica.

Este capítulo también le prevendrá respecto a ciertos medicamentos que pueden provocar que su hijo sea enurético.

Diabetes mellitus

La diabetes mellitus, a menudo conocida como la diabetes por azúcar, es una enfermedad de la cual casi todos saben algo. El término «diabetes» se refiere al cuerpo que elimina mucha orina. «Melitus» significa «dulce» (que contiene azúcar).

Existen dos tipos de diabetes mellitus. Los médicos se refieren al tipo I, o diabetes dependiente de insulina, que por lo general empieza en la juventud, aunque también en la edad adulta; y el tipo II, o diabetes en la que no se depende de insulina y que usualmente se desarrolla después de los 40 años, pero puede presentarse en la juventud.

En el tipo I, una causa desconocida (quizá un virus o una lesión) provoca la destrucción de células en el páncreas, que normalmente produce una sustancia llamada insulina. Debido a que la insulina es la responsable de regular la cantidad de azúcar en la sangre, la insuficiencia de ésta permite que el azúcar en la sangre se acumule hasta llegar a niveles peligrosos. La cantidad anormal de azúcar que se acumula en la sangre extrae líquido (en un proceso de ósmosis) de los tejidos corporales hacia el torrente sanguíneo. Por su parte, los riñones empiezan a filtrar y excretar el azúcar, junto con cantidades anormales de orina.

¿Cuáles son los síntomas? Los niños con diabetes tipo I tienen que correr al baño con frecuencia; al mismo tiempo, a menudo tienen sed y toman mucha agua. Se quejan de cansancio y se ven débiles. Pierden mucho peso. Algunos sufren de vista borrosa. Como disminuye la resistencia a las infecciones, estos niños padecen más que los demás. Las niñas pueden desarrollar infecciones vaginales. Asimismo, debido a la gran producción de orina, y quizá también a un efecto tóxico de la enfermedad, durante el sueño, el niño puede empezar a mojar la cama aunque lleve muchos años sin hacerlo. En los niños de siete a diez años, el inicio de la enuresis puede ser el principio de la diabetes.

Es muy importante que informe al médico de cualquier síntoma de diabetes que presente su hijo. Si su hijo tiene diabetes, el médico le dará una dieta especial y le prescribirá con mucho cuidado dosis de insulina. Su hijo reanudará una vida relativamente normal. También desaparecerá la enuresis (a menos que existan problemas físicos adicionales no relacionados). El doctor más calificado para tratar la diabetes de su hijo es un endocrinólogo pediatra. Un pediatra o incluso un médico familiar también pueden tratar esta enfermedad.

La diabetes mellitus tipo ɪɪ rara vez se presenta en la infancia. En el tipo ɪɪ, el páncreas produce insulina, pero el cuerpo no la aprovecha adecuadamente. El paciente almacena grasa y sube de peso. Por otro lado, los síntomas son similares a los del tipo ɪ. El tipo ɪɪ no puede tratarse con insulina porque el cuerpo no la utilizará. El tratamiento, que debe estar bajo el cuidado de un médico, consiste en ejercicio riguroso, una dieta especial y bajar el exceso de peso.

Nota: no debe impedir que un niño que libera mucha orina tome agua, ya que la suspensión de líquidos en cualquiera de estas condiciones diabéticas puede conducir a una deshidratación peligrosa. Debe llevar a su hijo al médico lo antes posible.

Diabetes insipidus

La diabetes insipidus (una enfermedad que no tiene nada qué ver con el azúcar o páncreas) es muy inusual en los niños. Tiene muchas causas. Una de ellas es una lesión o un tumor en el área del cerebro donde normalmente se produce la hormona vasopresina, la cual regula la producción de orina; la lesión provoca que el cerebro deje de producir la hormona tanto de día como de noche. Otras causas son la radiación, una cirugía en el cerebro llevada a cabo para extirpar un tumor cerebral, una enfermedad o lesión renal que impide que los riñones respondan a la vasopresina.

La vasopresina controla la cantidad de líquido que se transporta a la vejiga a través de los riñones. La vasopresina, que se produce en el lóbulo posterior de la glándula pituitaria, por lo general viaja a través del torrente sanguíneo hasta los riñones. En ese punto, ordena a los riñones que reabsorban parte del agua que se les envía, y éstos regresan dicha agua al torrente sanguíneo a fin de conservar la concentración adecuada de sangre y fluidos en el cuerpo. Si la vasopresina no se produce en la glándula pituitaria o no la aprovechan los riñones, la cantidad de líquido diluido que se transporta a la vejiga es enorme: de cinco a quince litros o más en un periodo de 24 horas.

Los niños que padecen diabetes insipidus constantemente tienen sed, siempre están tomando agua y con frecuencia corren al baño para eliminar grandes cantidades de orina casi incolora. Tienen las manos muy resecas y quizá se estriñan. Si su sueño es muy ligero, se despiertan muchas veces de noche para ir al baño y tomar agua; si el sueño es pesado, mojan la cama. Si su hijo presenta estos síntomas, informe al médico. Mientras no reciba tratamiento, se le debe permitir beber tanta agua como necesite.

Para un niño cuya glándula pituitaria no produce suficiente vasopresina, un endocrinólogo pediatra puede prescribirle la dosis correcta de la hormona sintética demopresina (DDAVP, Stimate, o genéricos), que controla el problema con mayor eficacia. Si la causa del problema es una lesión, una cirugía o radiación en el cerebro, es probable que la glándula regrese a la normalidad en un año.

En caso de que se trate de un tumor, se le tendrá que extirpar. En un niño cuyos trastornos se deban a los riñones (porque no pueden responder a la vasopresina), el nefrólogo debe solucionar la enfermedad o lesión renal.

Nota: el médico debe distinguir entre la diabetes insipidus y otra afección llamada polidipsia primaria, que significa beber líquidos de manera compulsiva. Los investigadores consideran que la polidipsia primaria no debe tratarse con demopresina puesto que ocasionará que el niño retenga líquidos y se intoxique.

Hipertiroidismo
(exceso de actividad de la glándula tiroides)

La glándula tiroides, que se encuentra justo frente a la tráquea, produce la hormona tiroxina, la cual realiza muchas funciones importantes en el cuerpo. Ayuda a convertir los alimentos en energía, mantiene la temperatura corporal y regula el crecimiento. Una serie de problemas puede ocasionar que la glándula produzca demasiada tiroxina, acelerando así todas las reacciones químicas del cuerpo y afectando los procesos tanto físicos como mentales. Investigadores como R. Goswami, así como G.A. Kozeny y W.S. Wood y S.S. Stoffer, han descubierto que cuando se presenta este problema puede provocar enuresis nocturna.

Los síntomas varían entre los individuos, aunque incluyen al menos algunos de los siguientes: comportamiento impaciente e hiperactivo (algunos padres de familia lo pueden confundir con el trastorno por déficit de atención con hiperactividad); inestabilidad emocional, nerviosismo, ansiedad, malos hábitos de sueño, incapacidad para relajarse, estremecimientos, latidos rápidos y palpitaciones. Es probable que los síntomas también incluyan mucho apetito e ingerir grandes cantidades de alimentos sin subir de peso (posiblemente con pérdida

79

de peso), ataques de diarrea, deposiciones sueltas y frecuentes, insensibilidad al frío, intolerancia al calor, exceso de sudoración, debilidad, falta de aire después de una actividad física y abultamiento de ojos.

Si su hijo tiene algunos de estos síntomas, avise al médico. En caso de que los exámenes muestren la presencia de cualquier afección, lleve a su hijo con un endocrinólogo pediatra para discutir los probables tratamientos. Se sabe que curar una tiroides con exceso de actividad resuelve la enuresis.

Anemia drepanocítica

Muchos niños que padecen anemia drepanocítica sufren de enuresis. En 1995, T. Ernesto Figueroa y un grupo de investigadores del South Florida Health Sciences Center encontraron que cerca de 30 % de los 91 niños con drepanocitosis, han tenido enuresis desde la infancia.

La anemia drepanocítica es una enfermedad hereditaria de los glóbulos rojos. Durante años, la gente pensaba que la enfermedad sólo aparecía en personas descendientes de africanos negros, pero ahora sabemos que también ocurre en otros grupos y en países como Italia, Grecia, India y Arabia.

La anemia drepanocítica se presenta en las primeras etapas de la vida. Los síntomas en casi la mitad de sus víctimas empiezan a manifestarse entre los seis meses y dos años de edad.

¿Qué es esta enfermedad? En una persona con anemia drepanocítica (o drepanocitosis), la hemoglobina (sustancia que transporta el oxígeno en los glóbulos rojos) no recibe suficiente oxígeno. Lo anterior provoca que sus moléculas se combinen entre sí en un proceso llamado polimerización. Los glóbulos rojos pierden su flexibilidad al grado de volverse rígidos y, en vez de ser redondos, adoptan una forma falciforme. Una forma redonda permite un flujo ágil, pero la forma falciforme, junto con la rigidez, provoca que los glóbulos rojos se amontonen y bloqueen el flujo que se dirige los pequeños vasos sanguíneos. Los tejidos que normalmente reciben el suministro de los vasos sanguíneos obstruidos, se dañan o destruyen porque dejan de recibir el oxígeno y los nutrimentos que por lo general transporta la sangre. El proceso provoca debilidad y mucho dolor. Cualquier niño con anemia drepanocítica necesita atención médica.

Casi en todos los casos, la enfermedad destruye la capacidad de los riñones para concentrar la orina y la producción es mayor a la normal. El individuo debe despertarse en la noche para ir al baño o moja la cama. D.R. Readett dice que los padres de familia de niños con drepanocitosis que son enuréticos consideran que es mucho más difícil despertar a estos niños que a los niños con drepanocitosis que no mojan la cama.

¿Qué síntomas le advierten la presencia de esta enfermedad? Entre los primeros se encuentra la inflamación y el engrosamiento de huesos de los dedos de las manos y los pies. Los síntomas de la anemia son: palidez, debilidad, fatiga, desvanecimiento, falta de aire, y palpitaciones cardiacas (cuando el corazón trata de compensar la anemia al bombear sangre más rápido de lo normal).

Un niño puede resistir varias crisis de drepanocitosis en un año, con periodos de mucho dolor en el abdomen, los huesos, las articulaciones o los músculos, acompañado de fiebre. Estas crisis con frecuencia requieren de hospitalización.

Aunque todavía no existe una cura, si su hijo padece esta enfermedad, puede recibir tratamiento para el dolor. Usualmente se aplican transfusiones sanguíneas y algunos medicamentos. Quizá quiera investigar acerca de la hidroxiurea, una sustancia que reportaron una serie de investigadores, incluyendo S. Charache en la facultad de medicina Johns Hopkins, que es de utilidad, porque reduce la frecuencia de las crisis de drepanocitosis.

Podría pedirle al médico que intente darle la hormona sintética demopresina para controlar la enuresis de su hijo. En 1995, T. Ernesto Figueroa (a quien mencioné con anterioridad en esta sección) escribió en el *Journal of Urology* que le administraron demopresina a diez niños con anemia drepanocítica, y seis de ellos experimentaron una mejoría total o parcial respecto a la enuresis.

Quizá le interese investigar sobre la posibilidad de un trasplante de médula ósea. A. Ferster y un grupo de investigadores en Bélgica comentaron en el *British Journal of Haematology* sobre los efectos curativos de los trasplantes de médula ósea en cinco niños con casos severos de esta enfermedad. Otro investigador, Y. Beuzard, aseguró en 1992 en la revista francesa *Revue du Practicien* que 30 pacientes se curaron gracias a los trasplantes de médula ósea.

Todavía existe la esperanza de una cura significativa. Una compañía en biotecnología está trabajando en el desarrollo de una terapia basada en genes para la anemia drepanocítica.

Un comentario adicional: si su hijo sufre de anemia drepanocítica, síntomas diurnos de urgencia urinaria, además de frecuentar el baño por la noche, después de otras medidas quizá quiera pedirle al médico que también descarte otros problemas urinarios posibles. Tal vez su hijo tiene un problema independiente de la enfermedad, como en el caso de un niño a quien yo traté.

Padecimiento renal

Cualquier enfermedad o trastorno que debilite o destruya la capacidad de los riñones para concentrar la orina y regresar el agua al torrente sanguíneo, conduce a la excreción de orina diluida, demasiada para la capacidad de la vejiga.

Cualquier persona con dicha afección debe orinar con mucha frecuencia y despertarse a menudo en la noche para orinar.

Si su hijo va muy seguido al baño, debe llevarlo a un médico que pueda descartar otros problemas. Si el médico sospecha de algún padecimiento renal, mandará a su hijo con un urólogo o nefrólogo para que le realice los estudios y exámenes necesarios. Si le detectan una enfermedad renal, el tratamiento dependerá de la afección encontrada.

Trastornos del sistema nervioso

Cualquier lesión que afecte el cerebro o los nervios que van o provienen de la vejiga y los esfínteres urinarios, pueden ocasionar enuresis. Un ejemplo de nacimiento es la espina bífida, un problema en el que el conducto espinal no llega a cerrarse por completo, originando una hendidura. Casi siempre se presenta en la espalda baja. Con frecuencia es tan sutil u oculta que sólo se puede ver por medio de rayos x: hoyuelos en la piel, un mechón anormal de cabellos, o una pequeña acumulación de grasa bajo la piel en el área inferior de la columna puede ser indicio de su existencia. La espina bífida no tiene síntomas y existe en más de 50 % de los niños normales.

En casos más obvios de espina bífida, la médula espinal y las terminaciones nerviosas se abultan; aparecen como una protuberancia suave del tamaño de una pelota de golf o una bola de tenis en la espalda baja. Lo anterior da como resultado una lesión en el tejido nervioso, con pérdida del control urinario e intestinal, así como pérdida de sensibilidad en el área pélvica y, en algunos casos, parálisis en las piernas. La gravedad de los síntomas depende de lo severo de la lesión en los nervios. El cierre oportuno del defecto mediante una cirugía reduce la mortandad y la incidencia de parálisis.

Si su hijo presentó este problema en una forma lo bastante grave para ocasionarle enuresis, el médico de su hijo ya debió advertirle de la espina bífida. De igual modo, se incluye en esta sección en caso de que el médico la hubiese omitido.

A veces, la médula obstruída puede provocar enuresis nocturna cuya fase final se fija al tejido que le rodea y no puede ascender con normalidad conforme crece el niño. El estiramiento de la médula y la dislocación de las terminaciones nerviosas pueden conducir a los síntomas que encontraría en una espina bífida. Algunos especialistas indican que la liberación de la médula de sus obstrucciones mediante intervención quirúrgica puede aligerar la enuresis y demás síntomas, como la pérdida de sensibilidad, dificultad al caminar y parálisis. El especialista que diagnostica y trata los trastornos del sistema nervioso es el neurólogo.

Trastorno por déficit de atención con hiperactividad

Si bien existe controversia respecto a las causas, los investigadores están de acuerdo en que el trastorno por déficit de atención con hiperactividad (sus siglas en inglés, H/ADD) no se debe a factores psicológicos. Un estudio que publicaron M. Bhatia y sus investigadores en el *Journal of Child Psychology and Psychiatry*, revela que 29 % de los niños con H/ADD eran enuréticos, comparados con 5 % controlados sin H/ADD. Asimismo, un grupo de investigación dirigido por Joseph Biederman indicó, en la misma revista, que el 32 % de los niños con H/ADD eran enuréticos, contrario a 14 % de los niños controlados. En un estudio de Anjana Sharma y sus colegas respecto a niños con hiperactividad (publicado en la *Indian Journal of Clinical Psychology*) también se encontró que un elevado número de niños con hiperactividad mojaban la cama. E. Ornitz y sus especialistas informaron que estos niños mojaban la cama de nacimiento (enuresis primaria).

Según John F. Taylor, en su libro *Helping Your Hyperactive Child*, el tratamiento para el trastorno de hiperactividad en su hijo también controlará la enuresis diurna y nocturna.

Un estudio de J. Egger, publicado en *Clinical Pediatrics*, reveló que la eliminación de ciertos alimentos y químicos en las dietas de niños con H/ADD alivia o termina con el trastorno y la enuresis. Este estudio corrobora los primeros estudios de otros médicos.

Si a su hijo enurético le diagnosticaron H/ADD y todavía no recibe tratamiento, lo conveniente es que consulte a un médico lo antes posible para que sea atendido, no sólo para controlar la enuresis, sino también para marcar una gran diferencia en la vida de su hijo y la de toda la familia.

Si a su hijo no le han diagnosticado este trastorno, pero usted tiene fuertes sospechas de que tal vez lo padezca, tome las medidas necesarias para que le hagan las pruebas. Puede pedirle a su médico o al psicólogo de la escuela que le recomiende a un especialista para que le realice las pruebas a su hijo. El trastorno por déficit de atención con hiperatividad es un tema muy complicado. En este capítulo no nos podemos extender más, pero puede consultar los siguientes libros que son excelentes: *Helping Your Hyperactive Child* de John F. Taylor, Ph.D. (Prima Publishing & Communications); *Is This Your Child?* de Doris J. Rapp, M.D. (William Morrow & Company); *Is This Your Child's World?* de Doris J. Rapp, M.D. (William Morrow & Company); *Cómo ayudar a los niños con déficit de atención (ADD/ADHD)*, de Laura J. Stevens (Aguilar).

Enuresis provocada por medicamentos
para controlar otras enfermedades

Medicamentos para la epilepsia. Algunas personas creen que la epilepsia provoca enuresis, pero no es así. Sin embargo, los medicamentos para el tratamiento de la epilepsia pueden dar origen a la enuresis nocturna. Si su hijo es epiléptico y moja la cama, comente el problema con el médico que está tratando la epilepsia.

Medicamentos contra el asma y las alergias. M. Eric Gershwin y Edwin L. Klingelhofer, en su libro *Conquering Your Child's Allergies*, indican que algunos medicamentos contra las alergias pueden aumentar la producción total de orina de su hijo y, por ende, incrementar las probabilidades de la enuresis. Entre dichos medicamentos está la teofilina, un medicamento que con frecuencia se aplica para tratar el asma. La teofilina se utiliza para dilatar las vías respiratorias y aliviar las dificultades de respiración, pero aparentemente también provoca que los riñones produzcan más orina.

Si su hijo toma teofilina a la hora de dormir, tendrá que orinar en la noche. Si tiene el sueño pesado, tal vez no se despierte y moje la cama. Si usted considera que éste es el problema de su hijo, discútalo con el médico que está tratando el asma y pídale un medicamento alterno. Observe si el cambio del medicamento alivia la enuresis.

Enuresis secundaria

¿Su hijo empezó a presentar enuresis luego de no mojar la cama durante seis o más meses? ¿Quizás años? De ser así, sin duda se preguntará qué causa esta nueva enuresis y qué puede hacer.

La enuresis que se presenta después de un periodo prolongado de ausencia, se llama enuresis secundaria. Las causas son diversas. En algunos niños, se debe a enfermedades como diabetes mellitus o padecimientos renales (que se describen en el capítulo anterior). En otros, las causas de la enuresis secundaria pueden ser:

√ Resfriado, gripe u otras enfermedades.

√ Una enfermedad en etapa de incubación (que aún no se manifiesta).

√ Cualquier infección.

√ El brote de una enfermedad anterior.

√ Un episodio de estreñimiento (en el capítulo 6 se explicará la cómo el estreñimiento contribuye a la enuresis).

√ Una recámara fría o insuficiente cobijo.

√ Un consumo importante de líquidos, en especial los que contienen cafeína (té, café, refrescos de cola y otras bebidas carbonatadas).

√ Párasitos intestinales.

√ Apnea del sueño.

√ Un cambio de circunstancias en la vida que parecen amenazar a su hijo, como el inicio del curso escolar, la llegada de un nuevo hermanito, la separación de los padres y hermanos, una muerte o un conflicto en la familia.

A veces, la enuresis secundaria es persistente y, en ocasiones, desde luego, puede durar poco tiempo.

Primero consulte al médico

Ante todo, haga una cita con su pediatra o médico familiar para que examine a su hijo y descarte enfermedades como un resfriado o gripe, diabetes, parásitos, una infección, inflamación de las áreas anal o genital, hemorroides u otras indisposiciones físicas.

Asegúrese de hacer una lista de los síntomas que observe y llévela consigo al consultorio del médico. ¿Su hijo tiene más sed de lo normal? ¿Está más cansado de lo usual? ¿Orina con mayor frecuencia durante el día o la noche? ¿Presenta un ataque de estreñimiento poco común? ¿Con frecuencia se rasca o frota el ano o los genitales? ¿Su hijo siempre ha padecido síntomas de frecuencia y urgencia diurna, aunque en el pasado lograba despertarse en la noche para ir al baño? (Los síntomas diurnos pueden indicar otro problema en el tracto urinario inferior o el desarrollo de causas alérgicas de la enuresis.) Que lo sepa el médico, pídale un examen de orina. En el laboratorio buscarán azúcar en la orina (para descartar la diabetes), densidad específica de la orina (para saber si el riñón concentra de manera adecuada la orina), y bacterias (para descartar una infección). En el momento que el médico detecte el problema, puede iniciar el tratamiento.

Lombrices

Muchos padres se sienten apenados cuando sus hijos tienen parásitos (oxiuros). Si detectan parásitos a su hijo, no se apene. Estos diminutos gusanos blancos filiformes no tienen que ver con una clase social, colonia o antecedente en particular. Se alojan en individuos de todas las edades y niveles socioeconómicos, así como en animales. Podemos decir que la mayor infestación de parásitos se encuentra en los niños, con mayor frecuencia en climas cálidos. Los estudios de investigación indican que un gran porcentaje de niños con parásitos mojan la cama.

Los huevecillos de parásitos pueden provenir de los juguetes, areneros, mascotas. Quizá provengan de alimentos no higiénicos.

Después de pasar a la boca y tragarse, los huevecillos se transportan y se incuban en larvas. Cuando llegan al intestino grueso, las larvas llegan a la edad adulta y se reproducen. Las larvas hembra siguen descendiendo por el tracto intestinal; por último, salen por el recto del niño, por lo general de noche, y depositan los huevecillos en las zonas húmedas y con pliegues alrededor del ano. Lo anterior provoca inflamación y comezón en el área.

Los niños se rascan en el área irritada (causando más inflamación) y se llevan más huevecillos a las manos. Si se meten a la boca las manos sin lavar, u objetos que tocaron con las manos sucias, se reinicia la infestación.

Cualquier inflamación del ano, incluyendo la provocada por las lombrices, puede activar el reflejo de micción y causar que su hijo moje la cama, en especial si tiene el sueño pesado. (La función que tiene la inflamación en la enuresis se explica en los capítulos 2 y 6.)

Además de inflamar ano, las lombrices también buscan la forma de llegar a la uretra y vagina de una niña y causar inflamación o infección, lo que también puede provocar enuresis nocturna.

¿Cómo sabe si su hijo tiene lombrices? Es probable que los signos externos sean muy escasos. Los niños con parásitos no se sienten o se ven enfermos. Los síntomas más evidentes, se perciben cuando se rascan o frotan el ano. Con el tiempo, se puede observar algunas lombrices en las heces fecales del niño.

Si examina el ano (con la ayuda de una linterna) varias horas después de que se durmió su hijo, es probable que vea lombrices en los pliegues de la piel alrededor de la abertura. O si sujeta un pequeño pedazo de cinta adhesiva a un palito de paleta, y en la noche la presiona sobre el orifico, las lombrices o los huevecillos se adherirán. Quizá no logre verlos, pero el médico o el laboratorio puede examinar la cinta adhesiva con un microscopio. Si su hijo tiene lombrices, necesita atención médica. El médico le prescribirá medicamentos orales, como pyrantel pamoate, y un ungüento que le aplicará en el área anal inflamada.

Asimismo, debe lavar toda la ropa de cama, y todos en la casa deben lavarse las manos muy bien antes de comer. Si un miembro de la familia tiene parásitos, la infección puede transmitirse a otros miembros de la familia e incluso a la mascota de la casa. Deben examinarse todos y, de ser necesario, recibir tratamiento.

Apnea del sueño

Si su hijo padece apnea del sueño (apnea significa «sin aliento»), puede presentar una obstrucción como el crecimiento de amígdalas o adenoides, hinchazón de los músculos en la garganta, o quizá una lengua que retrocede y bloquea la garganta durante el sueño.

La obstrucción impide el flujo de aire hacia los pulmones, lo cual ocasiona que un niño trate de respirar con más fuerza. Sin embargo, durante el sueño, los tejidos de la garganta y la laringe se relajan, y el esfuerzo de respirar más fuerte une los tejidos. Dicho de otro modo, cuando el niño intenta inhalar profundamente, se deprimen las paredes de las vías respiratorias (de la misma manera que un popote lo hace cuando se bloquea con una malteada muy espesa).

Luego, como el niño no respira (inhala aire y exhala dióxido de carbono), el dióxido de carbono venenoso se acumula en la sangre. Esta situación provoca que el sistema nervioso envíe agresivas señales al niño para que respire, despertándolo momentáneamente. El niño vuelve a tomar una o dos respiraciones grandes con resoplidos y de nuevo se queda dormido. La ocurrencia de la apnea del sueño puede repetirse de diez a cien o más veces durante la noche, cuya duración de cada una va de 10 segundos hasta de dos o tres minutos.

¿De qué forma conduce lo narrado a la enuresis? El esfuerzo muscular por respirar con una vía cerrada aumenta en gran medida la presión en el abdomen o la vejiga. Esta presión, la mala calidad del sueño, la pérdida del tono muscular y la gran cantidad de orina que los riñones excretan cuando intentan liberar la sangre del dióxido de carbono acumulado, provocan la enuresis nocturna.

Se sabe que los niños con apnea del sueño por lo general roncan en la noche, respiran por la boca, se ven sumamente cansados y somnolientos durante el día, se quejan de dolor de cabeza y en ocasiones tienen un bajo rendimiento escolar (tal vez debido a la mala calidad del sueño). Cerca del 10 % de estos niños son sonámbulos.

No sabemos cuántos niños enuréticos sufren apnea del sueño. Los informes revelan que pocos niños con apnea se vuelven enuréticos (de uno a 10 %). Sin embargo, la apnea no se reporta con frecuencia, posiblemente porque los médicos no la toman en cuenta. La enuresis que tiene que ver con la apnea del sueño puede aparecer después de un periodo de normalidad (enuresis secundaria), aunque también puede ocurrir desde el nacimiento (enuresis primaria).

Si su hijo presenta los síntomas de la apnea del sueño, debe llevarlo a un otorrinolaringólogo. Mejorará o se aliviará tanto la apnea como la enuresis. En 1991, el investigador Dudley J. Weider y sus socios informaron que la correción en las anormalidades de las vías respiratorias produjeron una curación o una mejora significativa en la enuresis en 76 % de los casos. En muchos casos, el apnea del sueño es el resultado del agrandamiento de las amígdalas o adenoides. Para algunos niños, el tratamiento puede ser tan sencillo como la extirpación de las amígdalas o las adenoides.

Después, investigue otras posibilidades

Si su médico no encuentra problema diga a su hijo que la enuresis es temporal y que ustedes, sus padres, no están enojados con él. Busque otras posibilidades físicas. Asegúrese de que la habitación de su hijo no está demasiado fría y de que está bien abrigado en la noche. Procure que tome cantidades normales de los líquidos usuales, aunque evite en lo posible que beba té, té helado, café o bebidas gaseosas que contengan cafeína. (Las bebidas con cafeína son diuréticos naturales porque aumentan la cantidad de orina que producen los riñones.

Otros diuréticos naturales que debe evitar darle durante el periodo de enuresis son los espárragos y la piña cruda.) Observe que no consuma muchos líquidos, incluyendo cantidades sustanciales de sandía.

Por último, tome en cuenta los acontecimientos estresantes en la vida de su hijo

Como soy urólogo y no psiquiatra infantil, los pediatras que tienen la duda de si un niño experimenta el inicio de enuresis secundaria como consecuencia de un acontecimiento estresante o traumático en su vida, probablemente manden al niño conmigo. Aunque yo creo, igual que muchos otros, que la enuresis primaria y en gran parte la secundaria se deben a factores físicos, otros investigadores indican que en un número importante de los casos, la enuresis secundaria tiene sus raíces en causas psicológicas.

Considero muy factible que el estrés psicológico ocasione la enuresis en niños que tardaron en controlar su vejiga, más que en los niños que la controlaron a temprana edad. En cualquier caso, algunos médicos señalan los cambios estresantes en la vida de un niño como las causas de enuresis secundaria.

Richard Dalton, autor de un capítulo en *Nelson Textbook of Pediatrics*, dice: «El tipo [secundario] de enuresis se precipita debido a sucesos estresantes en el entorno, como el cambiarse a una nueva casa, un conflicto marital, el nacimiento de un hermano o la muerte de un familiar.»

Thomas F. Anders y Ellen D. Freeman, en su manuscrito sobre enuresis en *Basic Handbook of Child Psychiatry*, volumen dos, añadieron a la lista de situaciones que provocan la enuresis la pérdida de un adulto importante y la separación. Además del estrés debido a situaciones que otros enumeran, Richard O. Carpenter dice que John Werry (en *Principles and Practice of Pediatrics*) señaló que la separación de la madre y la hospitalización del pequeño se encuentran entre las causas más comunes de la enuresis secundaria.

Existen informes de muchos otros factores estresantes que ocasionan enuresis. En su libro *The Psychiatric Disorders of Childhood*, Charles R. Shaw describe un caso interesante de una niña de catorce años que, repentinamente, presentó enuresis cuando su padre no le permitió salir con un muchacho que a ella le interesaba. La enuresis ocurría todas las noches que dormía en casa, mas no cuando dormía de vez en cuando en casa de su tía más querida.

Los estudios también revelan que catástrofes como el desastre nuclear en Three-Mile Island y el bombardeo sobre Londres, durante la Segunda Guerra Mundial, provocó enuresis en niños que se vieron afectados por los acontecimientos.

Si en su hijo se han descartado las causas físicas antes mencionadas en este capítulo, debe investigar la posibilidad de temores conscientes o inconscientes, u otras tensiones respecto a un cambio sustancial o amenazante en su vida que pudieran haber contribuido a la enuresis nocturna. Si dicho factor provoca enuresis secundaria en su hijo, usted deberá hablar con él, tranquilizarlo y brindarle seguridad. En muchas ocasiones, es difícil que los niños manifiesten sus temores. Si no platica con su hijo, no logrará que exprese esos temores para poder enfrentarlos.

A continuación, me referiré a algunas de estas causas probables, empezando por los factores que ocasionan los episodios de enuresis más breves, hasta aquéllas que afectan seriamente a los niños. Intentaré ofrecerle estrategias sólidas para manejarlas.

Algunas sugerencias no provienen de estudios académicos, sino de padres de familia; las incluyo porque creo que pueden ser de provecho para usted.

Inicio del ciclo escolar

Si su hijo mojó la cama en cuanto fue al jardín de niños o cuando entró a la primaria, y el médico no encontró una causa física para la enuresis, tenga paciencia. Su hijo, al igual que muchos otros niños, puede ser muy aprehensivo acerca de una nueva situación desconocida, de una maestra que le parece extraña, al dominar un trabajo nuevo o no al entender lo suficiente en el nuevo nivel escolar; o por inseguridad o aceptación de los padres.

Quizá usted quiera darle a su hijo un trato especial en relación con la problemática de entrar al jardín de niños o a un nuevo grado. Se sugiere que le permita ir a dormir un poco más tarde; que participe en las compras de la ropa que llevará a la escuela, o que planee un día de campo, una fiesta, o una excursión donde pueda invitar a algunos de sus compañeros de clase. Permita que su hijo se haga responsable de algún aspecto nuevo en su vida.

Apoye a su hijo. Comparta con él sus recuerdos de infancia y sus propias experiencias en la escuela. Platique con él sobre las visicitudes escolares, la maestra, los compañeros de clase, lo mejor y lo peor de la escuela. Coloque una hoja de papel en la puerta del refrigerador y enumere dos o tres cosas de lo mejor y lo peor que le ocurra en la escuela cada día. Platique con él. Es probable que pueda detectar y atacar un problema real o imaginario.

Si se entera de que lo peor en la escuela es que lo molestan en el autobús o en el patio, debe hablar con el chofer o la maestra responsable y verificar que la situación cambie. Por otro lado, si el problema es imaginario oriéntelo. En poco tiempo se acostumbrará a la escuela y ésta no representará una amenaza, con lo que debe cesar la enuresis.

Cuando llega a casa un nuevo bebé

Es probable que su hijo, que anteriormente no mojaba la cama, presente enuresis en cuanto llegue a la familia un nuevo bebé. Investigadores como Anthony Kales y Richard Dalton afirman que el nacimiento de un nuevo bebé es uno de los acontecimientos más estre-santes mismo que puede ocasionar que su hijo empiece a mojar de nuevo la cama. Allen H. Handford y sus socios, en su libro de texto *Child and Adolescent Psychiatry*, además otros investigadores, apoyan esta idea.

Tal vez su hijo se sienta muy amenazado por la llegada, pues tiene temor a que ya no lo quieran y le preocupa que lo vayan a reemplazar. Si su médico no encontró causa física alguna para la enuresis nocturna, deberá pensar en integrar a su hijo al nuevo entorno, además de decirle que lo ama.

Una madre me relató la siguiente historia. Su hija de cuatro años empezó a mojar la cama (después de más de un año de no hacerlo) cuando nació su segunda hija. La madre no le dijo nada. En cambio, buscó la manera de ayudar a que su hija se sintiera alguien muy especial. Decidió hacer una cita en el salón de belleza para su pequeña hija y se aseguró de que trataran a la niña como a las jovencitas mayores, recibiendo su primer corte de cabello para grandes, y luego una breve sesión bajo una secadora de cabello entre dos clientas. Todo fue emocionante, y la hija, orgullosa y contenta ¡de inmediato dejó de mojar la cama!

Existen muchas formas de hacer sentir a un hijo integrado, amado, útil, en especial luego de la llegada de un nuevo bebé. Puede turnarse con su cónyuge para acompañar al niño en actividades especiales donde sólo participan niños mayores. De esta manera, le brindará la atención especial que necesita en ese momento. Converse con su cónyuge y apliquen su creatividad.

Quizá también quiera hablar de los sentimientos de su hijo respecto al bebé. No lo regañe si se muestre hostil o rechaza al bebé. Coméntele que los papás se sienten felices al amar a sus hijos. Dígale que siempre será tan especial para ustedes como el día que nació. Hágale saber que su nuevo hermanito o hermanita pronto será otra persona que no sólo lo querrá y cuidará sino que también lo seguirá para que le enseñe muchas cosas.

Recuerde que es muy probable que la enuresis de su hijo sea un episodio temporal. Si usted lo maneja de manera amorosa, es factible que el período sea más corto.

Cuando muere un ser querido

La muerte de un familiar o amigo cercano es uno de los acontecimientos más traumáticos en la vida de un niño. Los investigadores afirman que puede provocar enuresis en niños que no mojaban la cama. En *Comprehensive Textbook of Psychiatry*, Edwin J. Mikkelsen indica que es muy común que los niños presenten enuresis secundaria después de la pérdida de su padre, sea por fallecimiento o divorcio.

El investigador Stephen J. Dollinger realizó un estudio sobre los efectos emocionales en 38 niños de quinto y sexto grado, que fueron testigos de un relámpago que cayó y mató a uno de sus amigos en un partido de fútbol soccer. El *British Journal of Medical Psychology* informó que algunos de los niños desarrollaron ansiedad, alteraciones de sueño, inquietud por la separación y enuresis.

Los niños pequeños no entienden la muerte, pero incluso el más pequeño comprende más de lo que imaginan la mayoría de los adultos. Saben que cuando ven un ave, un pescado o un animal muerto esa criatura ya no vive, y les impacta.

Cuando muere un familiar, en especial uno cercano, los sentimientos de los niños se complican por tantas interpretaciones erróneas y problemáticas de las que no se habla, y en ocasiones por la evidente falta de sinceridad de los adultos, quienes esperan proteger al niño de una verdad perturbadora. Algunos niños piensan que un mal comportamiento o malos pensamientos de su parte contribuyeron a la muerte. Otros tienen miedo de llorar o sentir dolor, o se les indica que no lo hagan. De acuerdo con los investigadores, lo descrito es suficiente para que algunos niños empiezen a mojar la cama. Si su hijo presenta enuresis poco después de la muerte de un familiar, procure conversar con él sobre su sentimiento respecto a la muerte y al familiar. Sea sincero, no le diga que está durmiendo o que se fue o se cambió de casa. Con la tristeza y la tensión de todo mundo, del ambiente en general, el niño percibe que sucedió algo terrible. Haga saber a su hijo que el familiar falleció debido a una enfermedad muy grave, o que era una persona mayor, o que se trató de un accidente fatal.

Lo más importante para su hijo es escuchar que usted no va a morir (y que estará cerca de él mucho tiempo), que él no va a morir (y que tiene toda una vida por delante), y que nada de lo que él hizo tuvo que ver con la enfermedad o la muerte del difunto. La pérdida de un familiar cercano es un cambio que amenaza su vida y que puede convertirse en algo destructivo, si él sigue pensando que la próxima enfermedad puede matarlo a usted, a otro familiar querido o a él mismo. De igual modo, puede convertirse en un infierno personal lleno de culpas si se imagina que parte de su mal comportamiento, su coraje, o sus malos pensamientos, ayudaron a causar de la muerte.

Es importante que le haga saber a su hijo que el llanto y la tristeza son perfectamente normales, que lo aliente a hacer preguntas y que usted las conteste con sinceridad lo mejor que pueda. La enuresis de su hijo no continuará para siempre.

El divorcio de los padres

Los investigadores mencionados anteriormente concuerdan en que el divorcio y la separación de los padres de familia pueden ocasionar que un niño presente una enuresis secundaria. Asimismo, un grupo de investigadores dirigido por Irma Moilanen, de la Universidad de Oulu, Finlandia, estudió a 156 niños enuréticos y a 170 no enuréticos de siete años, y reveló que los niños no enuréticos comúnmente vivían con sus padres biológicos, mientras los niños enuréticos experimentaron con mayor frecuencia un divorcio o separación de los padres. Marjo R. Jarvelin y sus colaboradores, de la misma universidad, estudiaron 30 acontecimientos existenciales diferentes en los mismos niños y encontraron que el único cambio en la vida que muy probablemente provocara la enuresis secundaria era el divorcio o la separación de los padres.

No es de sorprender que el divorcio de los padres sea mucho más amenazante para un niño que la muerte de un familiar. Por lo general, el niño entiende que una persona no muere por decisión propia; pero cuando los padres se separan o divorcian, al menos uno de ellos así lo decidió. En una situación así, los niños no saben expresarse con palabras, y llegan a sentir que los van a abandonar y que se está acabando el mundo. Muchos se sienten culpables porque creen que, en cierto modo, propiciaron el divorcio y tienen miedo de que sus padres los odien. Si la enuresis de su hijo se desencadenó por su separación o divorcio, y su médico no encuentra una causa física, tal vez dure mucho más que la enuresis ocasionada por alguna otra situación existencial estresante.

Tanto usted como su excónyuge deben confirmar a sus hijos que se están separando por motivos propios, que son muy importantes para ustedes pero que no tienen nada que ver con lo que hacen o dejaron de hacer sus hijos. Que ustedes siempre, siempre serán sus padres.

Permita que su hijo llore, que externe sus sentimientos. Dígale entiende perfectamente cómo se siente. Ofrézcale tantas ideas positivas sobre el futuro como le sea posible. Deje que formen parte de la planeación de su vida, como la nueva disposición de los muebles en su recámara, la distribución de un nuevo jardín, y la división de los quehaceres domésticos entre la familia. No lo trate de manera diferente.

Existen medidas adicionales ayudarán a que su hijo recupere el sentido de seguridad y bienestar. Tanto usted como su excónyuge, deben dedicar bastante tiempo para estar con los niños. A pesar de lo difícil que parezca, ambos deben evitar hablar mal del otro frente ellos. A menos que uno de los padres haya abusado de los niños, ellos tienen la necesidad absoluta de amar y respetar a ambos padres.

Los padres deben evitar tratar de superar al otro en un intento por ser el padre o la madre consentido. En cierto modo, el niño entiende que tantos permisos inusuales, el exceso de regalos y otras campañas por parte de un padre para congraciarse, tiene más que ver con la competencia con el cónyuge divorciado que con el amor que le tengan. Haga lo posible por ofrecer un ambiente sano y estructurado en el que su hijo tenga obligaciones, responsabilidades, privilegios, sentido de pertenencia y amor. Conforme toda la familia se ajuste a la nueva situación y se establezca una vida constructiva, el enurético dejará de mojar la cama con el paso del tiempo.

Si la situación se torna demasiado difícil para que usted la maneje por sí solo, busque concertar una cita con un psicólogo o psiquiatra infantil, un consejero familiar o un sacerdote. Si considera que no puede pagar las sesiones, busque en su área organizaciones de servicio familiar que ofrezcan asesorías a bajo costo o incluso gratuitas. Su ministro, sacerdote o rabino, el asesor escolar o la trabajadora social de un hospital cercano le podrán informar de las agencias de servicio social o servicio familiar más cercanas. Será suficiente con que llame a cualquiera de estas personas. Tal vez también encuentre el centro de ayuda en la sección amarilla o blanca de su zona.

La separación del niño del entorno familiar

Los investigadores Z.A. Stein y M.W. Susser estudiaron los efectos de la separación en los niños de la familia, y reportaron en *Developmental Medicine and Child Neurology* que una gran incidencia de enuresis se debe al hecho de que a los niños se les deja bajo el cuidado de terceras personas, cuando sus familiares no pueden atenderlos o por cualquier otro tipo de situación.

Anthony L. Pillay y sus socios realizaron un estudio sobre enuresis secundaria en niños recluidos en instituciones, y reportaron en *Psychological Reports* que el 62 % de estos niños presentaron enuresis a los seis meses de que salieron de su casa. Anteriormente, los investigadores K.S. Dittman y K.A. Blinn revelaron que hasta 30 % de niños en instituciones eran enuréticos. El grupo de Pillay concluyó que debe estudiarse el hecho de que a los niños los alejen de su hogar y que la separación prolongada o permanente de la familia debe evitarse en lo posible.

Es indudable que puede surgir una situación difícil y desesperada en la vida, en que los padres de familia se vean obligados a dejar a sus hijos con los abuelos, otros familiares, albergues para menores o incluso correccionales. De cualquier forma, el impacto de la separación en un niño es traumática. Incluso los niños con padres amorosos experimentan una intensa ansiedad: temen que sus padres los rechacen y que los vayan a separar de su familia para siempre. Se sienten culpables porque creen que ellos contribuyeron a la separación.

Si la persona que cuida de su hijo le informa que el niño empezó a mojar la cama, usted no debe pasar por alto el primer paso, aunque pueda estar equivocado. Procure que la persona lleve a su hijo al médico. Si el doctor no puede encontrar una causa física para la enuresis, proceda de la mejor manera posible.

Procure hablar con el niño por teléfono y durante las visitas. Haga saber a su hijo que usted está consciente de lo angustiante que debe ser para él la separación y que está bien que llore y sienta temor y enojo. No minimice los temores de su hijo; trate de entenderlos. Dígale que a usted también le duele la separación. Si ésta no se debió a un comportamiento delictivo por parte de su hijo, asegúrele que él no contribuyó a la separación y que no es su responsabilidad. Hágale sentir su amor.

Averigüe si hay alguna condición en este albergue temporal que altere de manera particular a su hijo, y vea si se pueden realizar los cambios adecuados. Hable con él sobre las cosas interesantes que hay en su casa temporal, de modo que pueda tener otra visión.

Proporcione a su hijo suficientes sobres con su dirección y estampillas, papel y tarjetas postales para que le pueda escribir (o pueda dictarle mensajes a un adulto para que los transcriba). Haga saber a su hijo que estos mensajes significan mucho para usted. Escríbale diario aunque sea una tarjeta postal. Llámelo por teléfono lo más que pueda.

Si su médico no encuentra ningún problema físico, la enuresis debe cesar con el tiempo, aunque tal vez tarde más de lo que usted quisiera.

Si la separación se debió a la reclusión de su hijo en una institución por un comportamiento seriamente delictivo, es importante que tanto usted como el resto de la familia reciban asesoría y que a su hijo le brinden ayuda profesional a largo plazo.

Lo que debe recordar de todas estas situaciones

Tome en cuenta que su hijo no moja la cama deliberadamente (en realidad no puede evitarlo). Ciertos tipos de enfermedades y situaciones psicológicas simplemente producen este efecto en el aparato urinario de algunos niños.

Usted debe comprender que las causas físicas rebasan a su hijo. Lo mismo sucede con la enuresis secundaria que se debe a un temor y ansiedad profundos. Piense en situaciones en que la ansiedad afectó su aparato urinario: cuando casi moja la ropa de camino a la oficina, no había pasado nada; la vez en que se mojó la ropa cuando el buscapleitos de la escuela lo persiguió; o cuando tenía la urgente necesidad de ir al baño a la mitad de un examen final importante en la escuela, a pesar de haber ido dos veces antes de entrar al salón de clases. Piense en el día que se enteró que estaba a punto de perder su trabajo, y que tenía que correr al baño cada media hora. ¿Tenía la capacidad de controlarse?

Ahora piense en un niño que se siente abatido por temores que estremecen su vida. ¿Acaso es tan extraño que pudiera volver a mojar la cama? Se debe evitar a toda costa regañar, ridiculizar o castigar al niño. No se enoje ni se sienta triste. Sea compasivo y, ante todo, tenga paciencia. Si la enuresis de su hijo parece continuar después de una o dos semanas y el médico no encuentra una causa física, hable con el niño sobre la probabilidad de que la enuresis y lo que él siente estén relacionados; dígale que le ayudarán a sentirse mejor y de dejar de mojar la cama. Hágale saber que usted se interesa por lo que él tiene que decirle.

Recuerde que no debe llegar rápidamente a la conclusión de que la enuresis se debe a factores psicológicos. Primero investigue las causas físicas y, si persisten los síntomas durante más de unas semanas o meses, lleve a su hijo con otro médico. Es posible que el primero no haya tomado en cuenta una causa física importante.

Los culpables pueden ser: estreñimiento, encopresis, hemorroides o inflamaciones

¿Su hijo enurético tiene problemas de estreñimiento u otro mal intestinal llamado encopresis (paso involuntario de la deposición)? ¿Ha detectado hemorroides externas en el ano? ¿Tiene inflamada el área anal o genital?

Estos problemas pueden provocar síntomas urinarios durante el día (micción frecuente y urgente) y, si su hijo tiene el sueño profundo, también puede presentar enuresis nocturna. (Si todavía no lee el capítulo 2, donde se habla acerca de la anatomía, por favor regrese y léalo. Le ayudará a entender la forma en que los problemas físicos que aquí se mencionan contribuyen a la enuresis).

Según los investigadores Sean O'Regan y Salam Yazbeck, quienes informaron sobre sus descubrimientos en la revista *Medical Hypotheses*, el estreñimiento frecuente (desechos sólidos demasiado duros y difíciles de expulsar del cuerpo) es la causa de enuresis en casi 15 % de las personas que la padecen. Estos investigadores también encontraron que al mejorar el estreñimiento, se alivia la enuresis en 67 % de los niños que presentan ambos problemas.

Pequeñas hemorroides anales y dolor en el ano por fisuras, que por lo general se deben al paso de deposiciones duras y secas, son causas relacionadas con la enuresis.

Asimismo, la *encopresis* (paso involuntario de deposiciones, en especial muy suaves, hacia la ropa interior) puede provocar enuresis.

Por último, el estreñemiento, encopresis, hemorroides, fisuras y otras afecciones causan irritación e inflamación en el ano de niños de ambos sexos, así como la infección o inflamación del área genital en las niñas, dando origen a más enuresis de lo que muchos médicos y padres de familia se imaginan. Si el pediatra de su hijo o el médico familiar no revisa con cuidado las áreas genital y anal de su hijo para verificar no tenga inflamación, hemorroides externas y otras anormalidades, usted debe pedirle que lo haga.

¿Cómo es que dichas molestias causan o contribuyen a la enuresis y los problemas urinarios durante el día?

De qué manera provocan enuresis el estreñimiento, la encopresis y las inflamaciones. Si recuerda el capítulo 2, los conductos urinario y anal contienen ramificaciones de los mismos nervios y vasos sanguíneos. Por lo tanto, lo que afecta un área también tiene efectos en la otra.

Estreñimiento, hemorroides, fisuras, e inflamaciones

Con el estreñimiento, el recto de su hijo está lleno de deposiciones que comprimen la vejiga y reducen la capacidad de la misma, lo que provoca la necesidad de orinar con más frecuencia, tanto en el día como en la noche. Si su hijo tiene el sueño profundo, tal vez no se despierte para ir al baño y se orine en la cama.

De la misma forma, si el recto de su hijo comprime la vejiga, crea presiones que interfieren con el flujo de sangre de los vasos sanguíneos los conductos uretrales y anales. Si la interferencia es frecuente, puede causar que las venas se dilaten o inflamen (provocando hemorroides).

Las hemorroides, así como las inflamaciones del ano y las fisuras dolorosas que ocasiona el paso de deposiciones duras, crean espasmos en los músculos de los esfínteres. Cuando se tensan los músculos de los esfínteres uretrales, bloquean el flujo libre de la orina. Debido a esta obstrucción, el flujo de orina ejerce mayor presión en las paredes de la uretra, que a la vez inflama las paredes uretrales, las terminaciones nerviosas sensibles en la uretra, y debilita los músculos uretrales (esfínteres). La secuencia de presiones anormales, terminaciones nerviosas sumamente sensibles y esfínteres debilitados, da origen a una micción incontrolable e involuntaria en la noche y, en algunos niños, incluso durante el día.

Encopresis (paso involuntario de deposiciones)

Según Jane E. Brody, escritora sobre la salud de *The New York Times*, de 1 a 2 % de niños mayores de cuatro años se manchan de manera involuntaria con materia fecal, y el problema es mucho más común en niños que en niñas.

Muchos médicos indican que si su hijo sufre de encopresis, es que pasa involuntariamente pequeñas deposiciones (a veces sueltas y acuosas) en la ropa interior, donde permanecen en contacto con la piel durante cierto tiempo. Melvid D. Levine, jefe de pediatría en el Children's Hospital de Boston, comentó sobre el tema en *Pediatrics in Review* que en diferentes ocasiones "el mismo niño puede ensuciar, manchar, emitir pequeñas *piedras*, y evacuar". Las deposiciones transportan muchas bacterias. Ya sea que se trate de una mancha o una cantidad mayor, las deposiciones inflaman la piel que tocan. Asimismo, después de evacuar muy suelto en el baño, es probable que su hijo no se limpie bien los residuos de la materia fecal que se pegan a la piel alrededor del ano. (Para las deposiciones sueltas se necesita más que papel de baño: el requisito mínimo es una limpieza suave con toalla de papel humedecida en agua tibia.)

Cualquier inflamación en el área anal, genital o urinaria de su hijo aumenta la presión en las terminaciones nerviosas, que afectan las terminaciones nerviosas involucradas con la micción. La presión sobre estas terminaciones nerviosas provoca un rápido desalojo. Una vez que se activan los reflejos de la micción, en especial durante el sueño, éstos quedan más allá del control de su hijo. (Consulte en el capítulo 2 los detalles sobre la actuación de los reflejos urinarios.)

Detección de problemas intestinales y hemorroides

Si su hijo padece problemas intestinales, principalmente estreñimiento, quizá usted no esté consciente de ello. Tal vez el problema urinario de su hijo ha distraído su atención.

¿Su hijo padece estreñimiento o encopresis?

¿Cómo sabe si su hijo tiene un problema intestinal? Necesita contestar las siguientes preguntas:

√   ¿Su hijo no tiene evacuaciones diarias, o con frecuencia no las tiene durante uno o más días?

√   ¿El movimiento intestinal es normal o su hijo hace esfuerzos para evacuar?

√   ¿Siente dolor cuando tiene movimientos intestinales?

108

√   ¿Su hijo se queja de dolor de estómago?

√   ¿Ensucia o mancha la ropa interior con materia fecal?

Si su hijo no tiene evacuaciones a diario, se esfuerza demasiado, se queja de dolor de estómago, o mancha la ropa interior con materia fecal, usted debe tomar en consideración un problema intestinal. (Si la ropa interior de su hijo está manchada, es probable que no se deba a que se limpió rápido o a una higiene inadecuada, como lo piensa mucha gente, sino una consistencia fecal anormal o un funcionamiento anormal del conducto anal.)

Algunos niños sufren tanto de estreñimiento como de encopresis; las deposiciones son demasiado sólidas y durante cierto tiempo se le dificulta evacuar, y luego las deposiciones sueltas rodean la obstrucción y pasan involuntariamente. Este patrón alterno es real en la mayoría de los niños (aunque no en todos) que tienen encopresis.

Cuando cuestione a su hijo acerca de sus problemas intestinales, explíquele que usted necesita esta información para que el médico lo sepa. Ponga a trabajar a su hijo.

¿Su hijo no desaloja por completo?

A veces los niños tienen movimientos intestinales diarios, pero vacían el recto sólo parcialmente, lo que puede ser causa de enuresis. Si quiere corroborar que la evacuación fue parcial, espere hasta que el niño termine y después inserte un supositorio pediátrico de glicerina. Si el supositorio provoca más deposiciones en ese momento, entonces la evacuación había sido incompleta. Antes de llevar a cabo este procedimiento, explique a su hijo con mucha calma por qué es necesario saberlo. Si descubre que su hijo no evacúa por completo, debe avisar al médico. En caso de que le incomode someter a su hijo a un supositorio, puede pedirle al médico que lo revise mediante ultrasonido. Este método no es agresivo, y será menos estresante, tanto para usted como para el niño.

¿Su hijo tiene hemorroides?

La materia fecal permanece demasiado tiempo en el recto de su hijo, se endurece, y cuando el niño por fin la evacúa, le causa una irritación en el conducto anal o una fisura dolorosa en la delicada capa anal. Por temor al dolor, es probable que su hijo evite evacuar. El ciclo se repite una y otra vez: deposiciones duras, irritación anal o fisura, y demora de la evacuación. Las hemorroides, como resultado de este ciclo y de hacer el esfuerzo por evacuar las deposiciones endurecidas o muy grandes, ocurren con mayor frecuencia en los niños de lo que se imaginan la mayoría de los médicos.

Las hemorroides pueden ser externas (en la abertura anal) o internas (dentro del ano). Usted mismo puede detectar con facilidad cualquier hemorroide externa porque son áreas de un tono azul y abultadas en la abertura del conducto anal. (Asegúrese de explicar con cuidado a su hijo qué busca y por qué es importante tener esta información.)

No podrá detectar las hemorroides internas; ni siquiera el médico las puede detectar en un examen médico ordinario.

Causas del estreñimiento y la encopresis

Las causas de el estreñimiento y la encopresis no son totalmente comprensibles, pero no se trata del resultado de un trastorno emocional o un entrenamiento incorrecto para ir al baño, como lo piensan algunas personas (e incluso ciertos médicos). Según Jane Brody, el Dr. Edward R. Christophersen del Children's Mercy Hospital en Kansas City, Missouri, cree que la mayoría de los casos de encopresis son el resultado de un estreñimiento crónico:

Con el tiempo, los tejidos del colon se extienden al grado en que los nervios no logran recibir las señales adecuadas, y los músculos ya no se contraen correctamente para expulsar los desechos. Debido al estiramiento de los nervios y músculos, los niños con este problema por lo regular dicen que no la sienten venir, y quizá ni siquiera estén conscientes de un accidente después de que les ocurre.

Brody agrega que es probable que el niño naciera con una insuficiencia muscular en los intestinos o un funcionamiento deficiente del esfínter anal. El control intestinal puede complicarse con otros problemas clínicos como fisuras anales dolorosas o diarrea crónica debido a intolerancias a los alimentos, gastroenteritis (inflamación del estómago e intestino), o colitis ulcerosa.

Muchos escritores indican que la intolerancia a ciertos alimentos como la leche, el queso y otros productos lácteos provocan problemas intestinales en algunos niños. Una dieta sin la cantidad necesaria de fibra y líquidos puede contribuir a agravar estos problemas. En ocasiones, existen problemas anatómicos, como el angostamiento del ano o enfermedades de los músculos lisos o anormalidades endócrinas. En muy raros casos se presentan causas metabólicas o neurológicas. Existe una extraña afección llamada la *enfermedad de Hirschsprung* (*megacolon aganglióniico*), que provoca un estreñimiento agudo. (Los niños con esta enfermedad la padecen de nacimiento.) El médico debe examinar a su hijo a fin de descartar estos casos raros de problemas intestinales.

Tratamiento para problemas intestinales, hemorroides e inflamaciones

Si su hijo enurético sufre de estreñimiento, encopresis, hemorroides o inflamación del área anal o genital, es probable que el tratamiento adecuado cure o reduzca de manera importante la enuresis nocturna y los síntomas urinarios durante el día. Tal vez el tratamiento requiera de paciencia, pero los resultados serán gratificantes.

Tratamientos para el estreñimiento y la encopresis

Los tratamientos para el estreñimiento y la encopresis son muy similares. En primer lugar, el médico debe examinar a su hijo para descartar o tratar enfermedades o problemas anatómicos.

Después puede investigar los cambios en la dieta. El movimiento y el control intestinal normales requieren de un volumen adecuado de deposición y una cantidad apropiada de humedad en la misma. Es probable que su hijo simplemente necesite más fibra en la dieta. Una fuente excelente de fibra es el salvado de trigo sin procesar, que puede encontrar en el pasillo de cereales del supermercado o en las tiendas naturistas; con frecuencia hace maravillas.

Puede combinar muy bien el salvado con un alimento muy húmedo, o cocinar con el salvado. Mezcle el salvado con ensalada de atún, sopa, carne, huevos revueltos, puré de manzana, o alimentos horneados. La cantidad efectiva de salvado varía de una persona a otra, de modo que usted debe probar a fin de determinar la cantidad. Empiece con una cucharadita o una cucharada al día, dependiendo de la edad y el tamaño de su hijo. No querrá exagerar; demasiado salvado puede causar irritación y otros síntomas gastrointestinales. Asimismo, jamás le sirva a su hijo salvado seco y solo: se puede ahogar. Siempre mezcle el salvado con un alimento húmedo.

Sirva granos enteros, pan de trigo entero, en vez de pan blanco, arroz integral en vez de arroz blanco. Procure que su hijo coma varias ensaladas de verduras ricas en fibra, verduras cocidas y frutas crudas al día. Los frijoles, las papas y las moras horneadas son excelentes fuentes de fibra. Que su hijo beba suficientes líquidos, en especial con los alimentos que contengan salvado adicional.

Debido a que ciertos alimentos como el chocolate, los productos lácteos y los de trigo pueden extreñir a algunos niños y provocar lo contrario en otros, tal vez quiera evitar que su hijo los coma durante cierto tiempo para ver si se presenta un cambio durante la abstinencia. No obstante, si le retiró la leche y el queso use complementos de calcio. Un complemento de calcio que también contenga magnesio es muy conveniente para el estreñimiento porque, al tiempo que proporciona al cuerpo el calcio y magnesio que necesita, también alivia el estreñimiento. Puede pedir en la farmacia o en una tienda naturista un complemento con calcio y magnesio sin necesidad de receta.

Tal vez quiera suspenderle otros alimentos que considere sean la causa de los problemas intestinales de su hijo. (Dos o tres semanas de suspensión deben ser un periodo de prueba suficiente.) Como los problemas intestinales pueden deberse a la intolerancia a ciertos alimentos, es probable que usted quiera seguir una dieta de eliminación, descrita en el capítulo sobre intolerancia a los alimentos. (Vea el capítulo 7.) Los niños, al igual que todos nosotros, necesitan actividad y ejercicio para mantener una regularidad. No deje que su hijo se convierta en un "costal de papas". Los niños en edad escolar necesitan ejercicio porque casi todo el día permanecen sentados, luego llegan a casa y se sientan a hacer la tarea y en la tarde ven la televisión. Si esa es la situación de su hijo, procure que tenga mayor actividad física en ese horario.

En "los viejos tiempos", los padres de familia les daban laxantes y/o aplicaban enemas a sus hijos cuando se constipaban. Según varios investigadores, no se debe llevar a cabo ninguna de las dos medidas a menos que el médico así lo indique. Ambos métodos pueden provocar al niño un dolor físico considerable, y angustia en niños más pequeños. Entre otras cosas, los atemorizados niños piensan que sus padres los están castigando y no que buscan curarlos.

No castigue a su hijo por manchar la ropa. Recuerde que el niño no puede evitarlo.

Ante todo, es muy importante que avise al pediatra de cualquier síntoma intestinal constante, a pesar de que sea leve. El médico dispone métodos adicionales para tratar el estreñimiento y/o la encopresis.

En casos de estreñimiento agudo, su médico le prescribirá un medicamento para suavizar la deposición. Es muy probable que conforme mejoren los problemas intestinales también disminuya la enuresis.

Tratamiento para las hemorroides

El médico de su hijo puede detectar hemorroides externas (las que se encuentran fuera del ano) con mucha facilidad. Por desgracia, las hemorroides internas no se detectan mediante un examen externo por parte del médico, ni mediante el examen con un dedo enguantado.

Las hemorroides en los niños se deben al estreñimiento y son curables. No necesitan cirugía. Si su hijo padece hemorroides, es muy probable que el tratamiento para el estreñimiento que alivie. Mientras tanto, recuerde a su hijo que no haga esfuerzos para evacuar. El esfuerzo contribuye al desarrollo de hemorroides. Pregunte a su médico sobre los métodos adicionales para el tratamiento de hemorroides.

Tratamiento para la irritación e inflamación

Si su hijo presenta enrojecimiento o ardor alrededor o en el área anal o genital, avise al médico, quien investigará la causa. La irritación e inflamación del área anal o genital puede tener distintas causas, como infección o parásitos. El tratamiento dependerá de la causa.

Durante la investigación y el probable tratamiento de cualquier problema mencionado en este capítulo, recuerde que su hijo no tiene la culpa de los factores que provocaron la enuresis ni de que moje la cama. Explique a su hijo, de acuerdo a su nivel de entendimiento, refuerce su confianza, y sea muy comprensivo en cuanto al estrés que seguramente provocará en su hijo al examinar o preguntar.

Alergias e intolerancias
a los alimentos

Con base en lo que ha leído hasta ahora, sabe que la enuresis nocturna tiene diversas causas posibles. El reto es identificar la causa de que su hijo sea enurético. Si el pediatra ha eliminado las probables causas que se trataron en los capítulos anteriores, el siguiente paso es descubrir si se puede tratar de una alergia o intolerancia a una o varias sustancias. ¿Las reacciones a ciertas sustancias pueden provocar enuresis? Esta pregunta genera cierta controversia porque algunos médicos dicen que no, mientras que otros dicen que sí, en ciertos casos.

Como urólogo, no he tratado alergias o intolerancias a los alimentos en niños y no tengo experiencia en la enuresis nocturna alérgica. Sin embargo, he leído sobre la relación entre estos problemas y la enuresis y tengo conocimientos de cierta evidencia anecdótica. Intentaré ponerlo al corriente en los hallazgos de algunos investigadores sobre cómo las alergias y las intolerancias pueden contribuir a la enuresis de su hijo. También hablaré de los métodos para diagnosticar estos problemas y las formas de tratarlos.

Sabemos que una alergia o intolerancia a ciertos alimentos, sustancias químicas, mohos, pelo de animales, plumas, ácaros del polvo u otras sustancias pueden causar una o más de las siguientes afecciones:

√   Fiebre del heno

√   Asma

√   Eczema

√   Dolor abdominal

√   Congestión nasal

√   Fatiga

√   Dolor de piernas

√   Urticaria, salpullido

√   Dolor de cabeza

√   Úlceras dolorosas (aftas)

√   Inflamación de la uretra y/o vejiga

√   Trastorno por déficit de atención con o sin hiperactividad

Las alergias a los mismos tipos de sustancias también pueden producir enuresis nocturna prolongada, así como frecuencia y urgencia urinarias durante el día en algunos niños.

¿Alergias o intolerancias?

Existen diferencias científicas relevantes entre las alergias reales y las intolerancias. Asimismo, tienen ciertas similitudes prácticas importantes. (Aun cuando en este caso se aplican a niños, estos conceptos también funcionan en los adultos.)

Alergias

En una alergia real, una sustancia que le disgusta a su cuerpo (un alérgeno) entra en él y éste responde produciendo un anticuerpo especial llamado *inmunoglobulina* E (o IgE). Este anticuerpo se produce para contrarrestar el alérgeno y tiene una afinidad especial con las membranas de células especiales llamadas mastocitos, que se encuentran en los tejidos de todo el cuerpo. El anticuerpo se adhiere al exterior de los mastocitos y de esta manera permanece fijo en varios tejidos.

Después, cuando el mismo alérgeno, como pueden ser los mariscos o nueces, vuelve a entrar en contacto con el cuerpo, ocurre una reacción entre el antígeno y el anticuerpo. Lo anterior ocasiona que los mastocitos en los tejidos se rompan y liberen *histamina*, lo que a su vez provoca inflamación en el área o, en casos extremos, un choque anafiláctico. (El choque anafiláctico es una reacción alérgica extrema que puede causar inflamación en los pulmones, falla cardiaca e incluso la muerte. Quizá haya oído hablar de que la penicilina o las picaduras de abeja provocan que las personas alérgicas a ellas entren en estado de shock.)

Los alérgenos generan ciertas reacciones que se presentan en poco tiempo (algunas veces en cuestión de minutos) y otras en un plazo más largo (horas) después de entrar en contacto en el cuerpo. Y, como se mencionó anteriormente, este es un tema de controversia, pues algunos investigadores creen que los alérgenos pueden producir una variedad de síntomas físicos y conductuales, incluyendo la enuresis nocturna.

De acuerdo con el *1992 Report of the Royal College of Physicians Committee on Immunology and Allergy* (Inglaterra) y con muchos investigadores, las alergias vienen de familia, se heredan.

Las alergias reales se pueden aliviar con *antihistamínicos* (como el Benadryl) y con vacunas antialérgicas. Desde luego, también se previenen evitando por completo la sustancia o sustancias que desencadenan la reacción.

Los investigadores por lo general reconocen que con frecuencia las alergias reales se pueden detectar con pruebas cutáneas por "rasguño", y con un análisis de sangre que se denomina radioalergeno-absorbente

(RAST), aunque estas pruebas y exámenes no son totalmente precisos ni infalibles.

Los investigadores Eugene P. McCarty y Oscar L. Frick escribieron en el *Journal of Pediatrics* que los alimentos que por lo común desencadenan alergias reales liberadoras de histamina son la leche de vaca, los cacahuates, el huevo, los alimentos de soya, los mariscos y las nueces. La mayoría de los investigadores de alergias concuerdan y añaden a la lista el maíz.

Intolerancias

Las intolerancias son un poco más engañosas que las alergias. De acuerdo con ciertos investigadores, como William G. Crook, muchos alimentos y otras sustancias pueden originar problemas físicos y conductuales, incluyendo enuresis nocturna, sin provocar que su cuerpo produzca IgE o libere histamina. En vez de ello, se cree que estas sustancias tienen un efecto tipo alérgico o perturbador en el cuerpo. El cuerpo es más *intolerante* que alérgico a ellas.

Los investigadores también explican que los efectos de las intolerancias no son tan visibles como las alergias y que permanecen más tiempo. No se pueden aliviar con antihistamínicos. Los análisis de laboratorio no detectan estas sustancias ofensivas, aunque algunos investigadores utilizan un método en el que ponen una sustancia sospechosa debajo de la lengua y observan si se presenta alguna reacción. (Este método, que es muy controversial y que muchos médicos descartan, se llama prueba sublingual.) De acuerdo con la mayoría de los investigadores, la única manera en que se puede identificar verdaderamente una intolerancia a los alimentos es con el uso de alguna forma de *dieta de eliminación*, que describiré más adelante en este capítulo.

Los investigadores McCarty y Frick, concuerdan en que la leche de vaca y el gluten son las sustancias que con mayor frecuencia provocan intolerancias (incluyendo la enfermedad celíaca). El gluten, una mezcla de dos proteínas, se encuentra en el trigo y en la cebada. Muchos investigadores han descubierto intolerancias provocadas por otras sustancias.

Similitudes entre alergias e intolerancias

Un alérgeno real no es dañino para todas las personas. Una sustancia que crea alergia en una persona es perfectamente inocua para otra. De hecho, la mayoría de nosotros no nos vemos afectados en absoluto por esa sustancia. Sin duda usted ha conocido personas alérgicas a los mariscos, a la aspirina, o al polvo: sustancias que no molestan a la mayoría de las personas.

Lo mismo es cierto en el caso de las intolerancias. Una sustancia que causa intolerancia en una persona es tolerada muy bien por otra. Los alimentos y sustancias que, según dicen algunos, provocan una variedad de misteriosos problemas físicos y conductuales en ciertos niños, no tienen efectos nocivos en otros.

En sentido práctico, es muy difícil establecer la diferencia entre las alergias y las intolerancias. De acuerdo con muchos artículos publicados, ambos padecimientos parecen desencadenar problemas similares y el mejor tratamiento es simplemente eliminar las sustancias ofensivas. Así, muchas personas agrupan las alergias y las intolerancias y las llaman por el mismo nombre. Algunos las llaman alergias y otros intolerancias o "sensibilidades".

¿Las alergias e intolerancias en realidad causan enuresis nocturna?

Según los artículos de las revistas médicas y la evidencia anecdótica en la materia, se debe considerar la posibilidad de que las alergias y las intolerancias ocasionen enuresis en un pequeño porcentaje de niños. Esta sección proporciona los puntos sobresalientes de cierta investigación que establece este vínculo. (Si no le interesa esta investigación, puede pasarla por alto y continuar con la siguiente sección, "Síntomas de las alergias e intolerancias".)

Uno de los primeros médicos en descubrir una conexión entre las sustancias nocivas y la enuresis nocturna, fue George W. Bray, quién publicó varios artículos sobre el tema a principios de la década de los treinta en las revistas británicas *Archives of Diseases in Childhood* y *British Journal of Children's Diseases*, así como en su libro *Recent Advances in Allergy*. Para aliviar los padecimientos como fiebre del heno y asma, Bray descubrió que cerca de 5 % de sus pacientes habían padecido enuresis y se habían curado con el tratamiento para alergias. Informó que enuresis de estos niños mejoró por medio del tratamiento antialérgico o evitando ciertos alimentos. En muy pocos niños las sustancias que causaban la enuresis fueron diferentes a las que provocaban otras alergías, aunque en muchos las mismas sustancias resultaron responsables de ambos problemas. Para Bray, descubrir las sustancias que desencadenaban las reacciones alérgicas y eliminarlas, podría disminuir o curar la enuresis del niño. Aunque los resultados de Bray no se han analizado lo suficiente, merece el crédito por ser pionero en este campo.

En 1959, un investigador húngaro, I. Pastinszky, informó en *Urologia Internationalis* que la misma reacción alérgica que produce inflamación y espasmos bronquiales en el sistema respiratorio, también puede ocasionar inflamación y problemas en la vejiga. Por lo tanto, las alergias que provocan la obstrucción en los pulmones, pueden ocasionar que la vejiga se contraiga y se vacíe.

En 1960, M. Esperance y John W. Gerard, del Departamento de Pediatría de la Universidad de Saskatchewan, publicaron un artículo en la *Canadian Medical Association Journal,* en el que evaluaban los efectos de una dieta de eliminación y de un medicamento (imipramina) sobre la enuresis nocturna en 50 niños. Es importante aclarar que estos niños no fueron elegidos por supuestas alergias, sino sólo por su historial de enuresis. De los 50 niños, 24 se sometieron inicialmente a una dieta restringida que no incluía leche, productos lácteos, huevo, cítricos, jitomate o productos de tomate, chocolate, cacao, ni bebidas con colorantes artificiales.

Los autores informaron que la eliminación de estas sustancias detuvo la enuresis en 4 de cada 24 niños (17 % del grupo). La enuresis disminuyó en unos cuantos niños más, pero en el resto hubo poca o nula mejoría. Es interesante que, en el otro grupo de 26 niños a los que se administró imipramina inicialmente, dos de los niños que no respondieron inicialmente al medicamento sí lo hicieron más tarde a la dieta especial. Esta investigación, aunque muy limitada, sugiere que las alergias e intolerancias alimentarias están vinculadas a la enuresis nocturna en algunos niños. En 1975, el alergólogo William G. Crook publicó un artículo, en la revista *Pediatric Clinics of North America,* sobre el síndrome alérgico de tensión-fatiga. Elaboró una lista de muchos síntomas, incluyendo cansancio, de-presión, irritabilidad, palidez, ojeras, nariz congestionada o acatarrada, infecciones recurrentes en los oídos, dolores de cabeza, de piernas y sensibilidad inusual a la luz, al ruido y al dolor. También incluyó la enuresis nocturna.

Crook sostenía que los alimentos a los que un niño es alérgico o intolerante pueden causar espasmos de los músculos lisos de la vejiga, produciendo urgencia urinaria, menor capacidad para retener la orina durante el día y enuresis nocturna.

En este texto y otros posteriores, las sustancias ofensivas que Crook mencionaba en relación con el síndrome de fatiga-tensión eran leche, productos de maíz y de trigo, caña de azúcar, huevo, chocolate, cítricos, colorantes, aditivos de alimentos y polen. Sospechaba de sustancias que el niño apetecía más que otras (adicciones alimentarias), así como de las que le disgustaban. Crook asumió que eliminar las sustancias dañinas aliviaría el síndrome alérgico de tensión-fatiga al mismo tiempo que los síntomas asociados, como la enuresis nocturna, la frecuencia y la urgencia urinaria diurna.

En 1985, I. Jakobsson, un investigador de Suecia, informó en la revista *Klinishe Pediatrie* sobre un caso de estudio interesante de un niño con eczema, asma bronquial, estreñimiento severo, dificultades de lenguaje y enuresis nocturna. El niño bebía mucha leche. Cuando eliminaron la leche de su dieta, la mayoría de los síntomas desaparecieron, incluyendo la enuresis y los problemas de lenguaje. Posteriormente, sus padres trataron de reintroducir la leche en su dieta varias veces y, en cada ocasión, los síntomas volvían a aparecer. Cuando el niño tenía diez años de edad, se realizó una prueba: le dieron algunos alimentos con leche y otros sin leche, donde ni el paciente ni los doctores sabían cual era cual. Finalmente se supo que sólo los alimentos con leche provocaron la reincidencia de la enuresis, así como los problemas de lenguaje.

En 1992, algunos investigadores y el doctor J. Egger del Hospital for Sick Children and Institute of Child Health, de Londres, Inglaterra, publicaron en la revista *Clinical Pediatrics* un estudio de 21 niños entre los tres y medio y 14 años de edad que sufrían de enuresis, así como de migraña o hiperactividad. Algunos de los niños sufrían enuresis diurna y nocturna.

Los niños fueron sometidos a una dieta restringida de alimentos que, por lo general, no causan alergias ni intolerancias. Los niños que no mejoraron con la primera dieta se sometieron a otra dieta muy limitada que consistía en un grupo de alimentos diferente. Los investigadores informaron que la enuresis nocturna desapareció en doce de los niños y disminuyó en cuatro más. La migraña y la hiperactividad también desaparecieron.

Se volviéron a probar varios alimentos en la dieta de los dieciseis niños, cuya enuresis nocturna y los otros síntomas habían desaparecido o disminuido. Algunos de estos alimentos desencadenaron de nuevo los problemas y fueron eliminados de su dieta. Entre los principales alimentos dañinos estaban el chocolate, la leche y las frutas cítricas, pero por lo menos otros diecinueve alimentos provocaron la recurrencia de los problemas en uno o más niños. La enuresis nocturna de un niño se debía sólo a un alimento, pero la mayoría se veían afectados por varios alimentos. Otro reincidió a causa de ocho de éstos. Desde el momento en que se probaba con un alimento de los citados, pasaban de uno a siete días para que apareciera la enuresis nocturna de nuevo.

Todos estos hallazgos significan que no podemos ignorar la posibilidad de que las alergias e intolerancias puedan ocasionar enuresis nocturna, incluso si el número de niños afectados por éstas es pequeño.

Síntomas de las alergias e intolerancias

En muchas investigaciones se señalan síntomas que usted puede encontrar en su intento por decidir si su hijo es alérgico o intolerante a ciertas sustancias. En su libro *Helping Your Hiperactive Child*, el médico John F. Taylor sugiere que los padres observen los siguientes síntomas.

Síntomas faciales: ojos vidriosos, ojeras, arrugas o bolsas bajo los ojos, ojos llorosos o con comezón, párpados hinchados, labios hinchados o partidos, lóbulos de las orejas enrojecidos, palidez, manchas rojas en las mejillas, picazón en la nariz.

Síntomas en la cabeza: congestión nasal, chasquidos con la lengua, aclararse la garganta con frecuencia, tos, silbidos al respirar, infecciones de oídos frecuentes, dolores de cabeza frecuentes, dolor de oídos repentino, zumbidos en los oídos, sed en exceso, mala respiración.

Síntomas digestivos: náuseas, inflamación, gases, diarrea, estreñimiento.

Síntomas cutáneos y musculares: urticaria (en especial en pliegues de brazos y piernas), frecuentes dolores de músculos y piernas.

Otros síntomas: irritabilidad, rebeldía, depresión, comportamiento absurdo, berrinches, trastornos del sueño, enuresis nocturna, confusión mental repentina y ausencias, problemas de control de esfínteres durante el día, actividad excesiva.

Otros investigadores también incluyen fiebre del heno, asma, eczema, dolor abdominal, fatiga, pereza, somnolencia, sensibilidad inusual al ruido, luz o dolor y un sentido de irrealidad. Los especialistas dicen que un niño ciertamente no tendrá todos estos síntomas, o incluso muchos de ellos, sino que es más probable que tenga algunos de forma regular si hay alergias o intolerancias presentes. Tenga en mente que algunos investigadores creen que la enuresis puede ser el *único* síntoma de una alergia o intolerancia a los alimentos en ciertos niños.

Eliminación de alimentos, sustancias químicas y productos inhalables sospechosos

Si cree que su hijo enurético tiene algunos de los síntomas de la lista anterior o si desea explorar la posibilidad de que la enuresis sea el único síntoma de una alergia o intolerancia, quizá desee evitar que las sustancias sospechosas entren en contacto con su hijo.

Primero elimine la leche y los productos lácteos. La sustancia que los investigadores mencionan con mayor frecuencia, en relación con la enuresis nocturna, es la *leche de vaca*, por lo tanto le recomiendo que primero trate de eliminar la leche y los productos lácteos de la dieta de su hijo durante unas semanas. Recuerde eliminar no sólo la leche, sino también los quesos, el helado, el yogurt, las sopas de crema y otros caldos cremosos, los postres de leche y todos los alimentos que contengan leche. Este paso, por sí solo, puede ser suficiente para que cese la enuresis.

Si elimina la leche de la dieta de su hijo, asegúrese de agregar otros alimentos que contengan calcio, como leche de soya, chícharos y frijoles cocidos (aunque los productos de soya y las legu-minosas producen reacciones en muchos niños alérgicos). Desafortunada-mente, ningún alimento proporciona la cantidad de calcio que los productos lácteos proveen, por lo tanto debe dar a su hijo complemen-tos de calcio, de preferencia que también contengan algo de magnesio, el cual ayuda al cuerpo a utilizar el calcio con mayor eficacia.

Aunque yo no he tratado a niños con alergias o intolerancias, conozco una madre cuya hija mayor había padecido enuresis. La niña también dormía mucho y, desde la infancia, sus evacuaciones eran de un color pálido y carecían del olor esperado. La niña sufría de fuertes dolores en las piernas, en especial durante la noche, y padecía muchas infecciones de oído.

A la edad de ocho años (aún con enuresis nocturna) empezó a quejarse de dolores estomacales y nauseas, que en forma progresiva se volvieron más frecuentes y más intensos. Empezó a rechazar la leche y el helado de crema. Por consejo del pediatra la familia empezó a evitar la leche y los productos lácteos, dándole a la niña leche de soya para el cereal y complementando su dieta con tabletas de calcio y magnesio. En diez días, la familia observó cambios asombrosos. No sólo cesaron los dolores estomacales, también el sueño, los dolores de piernas y la enuresis. El excremento de la niña adquirió un color y un olor más normales.

Después de algún tiempo, los padres notaron que la niña podía tolerar una cucharada ocasional de helado, una porción de queso crema en un pan o una rebanada de queso en un emparedado, sin mojar la cama. Sin embargo, si comía una ración mayor el mismo día, mojaba la cama.

Los expertos en alimentos creen que personas de muchos grupos étnicos y regiones geográficas del mundo tienen problemas con la leche de vaca. Un gran porcentaje de la gente descendiente de Asia, África o el Mediterráneo, incluyendo el sur de Europa, judíos o árabes, no soporta la leche de vaca. De hecho, el único grupo en el que se reporta un porcentaje sustancial de personas que se permite la leche de vaca en su dieta es el del norte de Europa.

Si eliminar la leche y los productos lácteos no produce ningún cambio en la frecuencia de la enuresis de su hijo, deje de evitarla. Si sólo aminora la enuresis, mas no la detiene, su hijo puede ser alérgico a dos o más alimentos.

Eliminación de otros alimentos sospechosos. Si la eliminación de leche y productos lácteos no disminuye la enuresis de su hijo, y todavía sospecha que la raíz del problema es una alergia o intolerancia, le recomiendo que consulte a un alergólogo que le ayude a detectar las sustancias dañinas. Pida a su pediatra, médico familiar o clínica médica local que le recomienden a un alergólogo experimentado que no descarte la idea de la enuresis alérgica. Diga al alergólogo lo que ya ha intentado y los resultados que obtuvo. Él puede recomendar varios procedimientos de prueba y/o una dieta para eliminar otros alimentos sospechosos. En mi opinión, no debe probar las dietas de eliminación sin supervisión de un profesional, porque pueden llevar a su hijo a otros problemas, como una severa desnutrición.

En un resumen sobre enuresis publicado en la revista *Urology*, Douglas A. Husmann, un urólogo afiliado a la Mayo Clinic, confirmó la realidad de la enuresis relacionada con alimentos.

No obstante, como él considera que el número de pacientes con enuresis provocada por alimentos que han sido documentados es en extremo pequeño, no recomienda una dieta de prueba restrictiva, a menos que el paciente tenga otros problemas de conducta y/o médicos (migraña infantil) que se sepa sean provocados por alergias a los alimentos.

Sin embargo, si usted, como muchos padres de familia, prefiere no dejar piedra sin voltear, quizá desee intentar eliminar otros alimentos sospechosos bajo la supervisión de un alergólogo. De modo que le describiré el proceso que tal vez le indique su alergólogo.

Después de la leche, los alimentos que los especialistas mencionan con mayor frecuencia, y que se relacionan con la enuresis nocturna y las inflamaciones del tracto urinario inferior incluyen los siguientes:

√   Huevo y productos que lo contienen, como pasteles, flan y pan tostado francés.

√   Maíz y sus productos, como harina de maíz, miel de maíz y maicena.

√ Trigo y productos de trigo, incluyendo pan, pastel, galletas, pastas, fideos y cereales.

√ Verduras de la familia de las solanáceas: tomates (también salsas de tomate, salsas para pastas, jugo de tomate), papas, berenjenas y chiles de todo tipo.

√ Frutas cítricas, en especial naranjas. (Algunos investigadores reportan que las toronjas pueden tolerarse mejor que las naranjas.)

√ Cerdo (tocino, jamón, manteca y otros productos de cerdo).

√ Chocolate, dulce de chocolate, chocolate caliente, leche con sabor a chocolate, pastel de chocolate, budín de chocolate, galletas.

√ Uno o más tipos de nueces y cacahuates.

√ Refrescos de cola, tés, café y otras bebidas con cafeína.

√ Condimentos como catsup y mostaza.

√ Aspirina y otras fuentes de salicilatos.

√ Otras posibilidades: cualquier alimento o bebida preferida de su hijo y cualquier alimento o bebida que realmente le disguste.

Tal vez el alergólogo le recomiende que elimine todos estos alimentos de la dieta de su hijo durante unas cuatro semanas. Durante este período, trate de darle a su hijo los alimentos que se sabe producen menos reacciones, como arroz y productos de arroz, cordero, pavo (sin grasa), peras y muchas otras frutas y verduras que no se mencionan. Procure dar a su hijo complementos vitamínicos. Con el fin de que planee una dieta bien balanceada con proteínas, carbohidratos, grasas, vitaminas, fibra y fluidos dentro de las limitaciones y restricciones de la dieta de eliminación, solicite a su médico le recomiende a un dietista o nutriólogo que pueda ayudarle. Platique con el profesional sobre las necesidades especiales de su hijo.

La dieta de eliminación funcionará mejor si lleva un diario de los alimentos y de la enuresis nocturna de su hijo. El diario le ayudará a clasificar los alimentos que ocasionan que su hijo se moje y los que no. Use una página para cada día y en cada comida anote los alimentos consumidos. Asimismo, lleve un registro de las botanas. En la parte inferior de la página anote si esa noche la cama estuvo mojada o seca. También escriba sobre cualquier otro síntoma alérgico que observe.

Si la enuresis se detiene o disminuye significativamente, es probable que se le pida que vuelva a probar con los alimentos eliminados, uno por semana, en una porción generosa cada día. (Advertencia importante: intente con un alimento al que ya sepa que su hijo es alérgico. Usted no desea correr el riesgo de una reacción alérgica seria.) Anote cada alimento nuevo en el diario. Si observa que ciertos alimentos o bebidas desencadenan de nuevo la enuresis, elimínelos de forma definitiva de la dieta de su hijo. Puede conservar dentro de la dieta cualquiera que no produzca una recaída.

Es probable que su alergólogo le recomiende que no mantenga a su hijo en la fase inicial de la dieta de eliminación (con sus limitados tipos de alimentos) durante más de cuatro semanas. Si la fase inicial no rinde resultados en ese momento, el alergólogo puede sugerir otra variedad de alimentos iniciales o puede desechar por completo la idea.

Otras alternativas

Hay pocos pasos posteriores que pueda dar. Cuando busque el consejo de un alergólogo, bajo su recomendación, puede tratar de eliminar mohos, plumas, pelo de animales, caspa, polvo y/o sustancias químicas domésticas del ambiente que rodea a su hijo. Dichas sustancias inhaladas, y otras no alimenticias pueden ser fuente de alergias o intolerancias.

Espero que este capítulo le ayude a encontrar una cura para la enuresis nocturna de su hijo. Sin embargo, si descubre que ni los alimentos ni otras sustancias contribuyen a su enuresis, recuerde que sólo una minoría de niños moja la cama debido a dichas alergias e intolerancias.

En los siguientes capítulos aprenderá algo acerca de las causas más frecuentes de enuresis nocturna y pasos a seguir para descubrir la causa de la enuresis de su hijo.

Insuficiencia nocturna
de vasopresina

¿Ha notado que su hijo, a pesar de sufrir enuresis nocturna, no muestra signos de urgencia urinaria a menudo durante el día? (Consulte el capítulo 1 para una descripción completa de los síntomas diurnos.) ¿Ha llevado a su hijo con el médico y no le ha detectado ninguna causa física para su enuresis nocturna? ¿Ha investigado las causas posibles descritas en los capítulos anteriores y no ha descubierto la que provoca la enuresis de su hijo?

Si ha observado a su hijo con detenimiento y no ha notado urgencia o frecuencia urinaria diurna ni ropa interior manchada de orina, si el doctor no ha encontrado una causa física, si usted no ha detectado ninguna alergia o intolerancia a los alimentos como causa de la enuresis, entonces su hijo puede padecerla debido a que su glándula pituitaria no está produciendo suficiente *vasopresina* durante la noche. La vasopresina es una hormona que reduce la producción de orina. Según V. N. Puri (y muchos otros investigadores), durante la noche el nivel de vasopresina aumenta en los niños que no sufren de enuresis, pero disminuye en muchos que la padecen.

Primero pruebe el sistema de alarma de enuresis

De acuerdo con el investigador escandinavo Kelm Hjalmas, un sistema de alarma de enuresis es la primera elección en tratamientos para la *enuresis en niños que no tienen síntomas diurnos*. El sistema de alarma funciona tan bien o mejor que otros tratamientos; es muy barato y no someterá al niño a un largo periodo de medicamentos. (Los sistemas de alarma para la humedad se mencionan en el capítulo 3.)

Sin embargo, es posible que su hijo pueda tener el sueño tan profundo que un sistema de alarma o de vibración no será de mucha utilidad. Si el sistema de alarma no es lo adecuado, hay un medicamento que puede funcionar.

Pregunte por la Demopresina (DDAVP, STIMATE y genéricos)

Conocemos la hormona natural vasopresina porque una insuficiencia de ésta, a largo plazo, causa una enfermedad llamada diabetes insipidus (diferente de la diabetes del azúcar; consulte el capítulo 4). Los investigadores experimentaron con la hormona natural vasopresina, pero descubrieron que si esta sustancia se administraba en agua, su acción era demasiado corta y si se administraba en una solución de aceite, era demasiado prolongada. Además, ambas preparaciones provocaban efectos secundarios.

Por fortuna, en la década de los setentas, los químicos desarrollaron un medicamento llamado *acetato de demopresina*, el cual es similar a la hormona natural. Los investigadores encontraron que la demopresina (cuyos nombres comerciales son DDAVP y STIMATE) era muy efectiva en la reducción de la enorme pérdida de orina en pacientes con diabetes insipidus; asimismo, el medicamento causaba pocos efectos colaterales. En 1977, S. B. Dimson recomendó en la revista Lancet el uso de demopresina en niños con enuresis nocturna.

En 1978, la Dra. Marie Birkasova y un grupo de colegas realizaron un estudio minucioso sobre niños con enuresis nocturna que no tenían síntomas diurnos; descubrieron que a 18 de los 22 niños les ayudó la demopresina. En *Pediatrics* se especulaba que algunos niños con enuresis no producían suficiente vasopresina durante la noche.

Los médicos escandinavos Jens P. Norgaard, E. B. Pedersen y Jens C. Durhuus, emprendieron una investigación más profunda, que publicaron en 1985 en el *Journal of Urology*; su investigación confirmó lo revelado por los grupos anteriores. También tuvieron cuidado de trabajar sólo con niños que no tuvieran síntomas durante el día, porque en la mayoría de los casos, dichos síntomas indicaban otras causas para la enuresis.

Mediante investigaciones posteriores se pudo saber que, durante la noche, los niños con enuresis e insuficiencia nocturna de vasopresina podían orinar hasta cuatro veces más de lo que la vejiga podía retener. Tenían que despertar para ir al baño o mojaban la cama.

Muchos investigadores han demostrado que la demopresina puede detener la enuresis en 35 % de los niños, y disminuirla otro 35 % en aquéllos que no tienen síntomas diurnos ni otras enfermedades, aparte de la enuresis. En la mayoría de los casos, la enuresis nocturna se reinició al suspender el medicamento. Cuando se administra por períodos prolongados (años), la enuresis algunas veces se detiene por completo, aunque no hay manera de saber si la cura permanente se deriva del uso prolongado del medicamento o del paso del tiempo.

¿Responderá su hijo a la demopresina?

Si su hijo padece una insuficiencia de vasopresina durante la noche, es posible que responda a la demopresina. Los médicos por lo general no miden los niveles de vasopresina en los niños, pero si su hijo parece producir grandes cantidades de orina durante la noche, podría hablar sobre la demopresina con su doctor. En caso de que no produzca más orina durante la noche que en el día, quizá no responda a la demopresina.

Si su hijo sufre de inflamación alérgica de la membrana mucosa de la nariz (como fiebre del heno), congestión nasal o infecciones de las vías respiratorias superiores, es posible que no responda al medicamento administrado en forma de aerosol nasa.

De acuerdo con el investigador H. G. Rushton, es más probable que su hijo responda a la demopresina de acuerdo a la capacidad de su vejiga. Además, cuantas menos noches por semana se moje, la respuesta puede ser positiva.

Otro estudio afirma que si su hijo tiene un historial familiar de enuresis, es posible que responda al medicamento. Usted se dará cuenta con rapidez si su hijo responde a la demopresina, pues el efecto se verá en pocos días y continuará por el tiempo que le administre el medicamento.

Administración y costo

La demopresina viene en una botella de aerosol. A la hora de dormir aplique una dosis en la nariz de su hijo.

Hasta hace muy poco tiempo, la demopresina no se administraba oralmente porque gran parte se destruía en el tracto gastrointestinal. Al momento de escribir este libro, se desarrolló una nueva forma en tableta que ya está a la venta. La tableta será de utilidad si su hijo padece congestión o inflamación nasal, o si el aerosol provoca irritación. Los investigadores suecos Arne Stenberg y Goran Lackgren descubrieron que la tableta es al menos tan eficaz como el aerosol y quizá más efectiva. Sin embargo, es importante saber que el uso de las tabletas requiere de una dosis diez veces mayor que el aerosol.

La demopresina es costosa, un frasco de aerosol varía entre 80 y 140 dólares. El contenido de un frasco es suficiente para 25 días, es decir, menos de un mes. Si su médico le prescribe a su hijo demopresina, pregunte precios en las farmacias. El costo de las tabletas es casi igual a la presentación en aerosol.

Seguridad y efectos secundarios

La demopresina en aerosol ha estado a la venta durante más de 30 años y, en general, ha sido segura. Los efectos secundarios menores han sido reportados en menos de 9 % de los casos; incluyen irritación nasal, hemorragias nasales, náusea y un ligero dolor abdominal. El aerosol contiene un ingrediente que puede provocar reacciones alérgicas cutáneas en algunos niños.

Los estudios de Stenberg y Lackgern, así como otros investigadores, muestran que la fórmula de la nueva tableta de demopresina también es segura y que no ocasiona irritación nasal como el aerosol.

Según Kelm Hjalmas y Bengt Bengtsson de Suecia, la fuerte acción antidiurética de la demopresina sólo tiene un riesgo serio: una enfermedad grave llamada «intoxicación por agua», que provoca una especie de ataque. Debe tener extremo cuidado si su hijo tiene la costumbre de tomar mucha agua, lo cual aumentaría en gran medida el riesgo. Cuando un niño que ha tomado mucha agua recibe una dosis de demopresina, el agua permanece en el cuerpo y la concentración de sal disminuye en forma peligrosa. El niño deja de orinar, vomita, se pone comatoso (inconsciente) y quizá sufra convulsiones. Debe llevarlo de inmediato al hospital, donde responderá con rapidez al tratamiento con sodio intravenoso. No se han reportado muchos casos de intoxicación por agua ni ninguna muerte por esa causa.

Como protección contra la intoxicación por agua, los fabricantes de demopresina de la marca DDAVP, recomiendan que disminuya la ingestión de líquidos de su hijo por lo menos dos horas antes de administrarle el medicamento y ocho horas después. (El efecto de la demopresina puede durar hasta doce horas, así que algunos médicos recomiendan reducir la ingestión de líquidos doce horas después de administrar el medicamento.) También aconsejan no ingerir bebidas que contengan cafeína como café, té, chocolate, leche con sabor a chocolate y refrescos de cola.

Se ha descubierto que los niños con fibrosis quística no deben ser tratados con demopresina. No se debe administrar junto con otros medicamentos, de lo cual le informará su médico con detalle. El médico debe prescribir la demopresina y vigilar su uso; nunca intente usar la demopresina de otro niño sólo para ver si funciona.

Importancia de la demopresina

A pesar de su costo y de la necesidad de su uso prolongado, el desarrollo y uso de la demopresina representa un gran avance en el tratamiento de la enuresis nocturna, no sólo porque proporciona a muchos niños que la padecen un medicamento relativamente seguro para mantener su cama seca, sino que también ha despertado un nuevo interés entre los investigadores con relación a las causas físicas de la enuresis nocturna. Ha ayudado a demostrar que la enuresis prolongada desde el nacimiento se debe a problemas físicos más que psicológicos. Esta confirmación ha requerido de un periodo largo y trágico.

Anormalidades en el tracto urinario inferior

Si su hijo padece enuresis primaria (de nacimiento), y también muestra síntomas de problemas urinarios durante el día, con la frecuencia y urgencia inmediatas (correr al baño) y ropa interior manchada o mojada, entonces una las causas probables, tanto de la enuresis como de los síntomas diurnos, es una ligera obstrucción en la uretra de su hijo. (Consulte el capítulo 1 para una descripción completa de los síntomas urinarios diurnos.)

Este capítulo le ayudará a descartar algunos mitos, a conocer problemas anatómicos reales y a entender cómo pequeños defectos pueden desencadenar la enuresis. Aquí se hablará sobre los métodos para tratar estos defectos anatómicos.

Para entender mejor este capítulo, necesita ciertos conocimientos sobre los órganos del tracto urinario inferior, su funcionamiento y algunos problemas físicos que pueden afectarlo, como se explicó en el capítulo 2. Lea el capítulo 2, si no lo ha hecho, antes de continuar.

De igual manera, antes de abordar este capítulo, debe haber leído y seguido los procedimientos sugeridos en los capítulos anteriores para descartar otras causas de la enuresis y de los síntomas diurnos. Hágase las siguientes preguntas: ¿ha examinado a su hijo un pediatra, médico familiar o algún especialista? ¿Su médico ha descartado o tratado diabetes, anemia drepanocítica, parásitos, trastorno de hiperactividad, apnea del sueño, amígdalas o adenoides enfermas? ¿Ha descartado o tratado algún problema de estreñimiento, encopresis, hemorroides, inflamación del prepucio u otras del área genital o anal? Asimismo, ¿ha detectado alergias e intolerancias a alimentos u otras sustancias? Todas éstas son causas de enuresis nocturna en niños que también muestran síntomas urinarios diurnos. Si su hijo toma medicamentos para epilepsia o asma, ¿le ha pedido a su médico que lo sustituya por un tiempo para ver si es el medicamento el que está provocando la enuresis nocturna?

Si estas causas se han descartado o si el médico las ha atacado y persiste la enuresis de su hijo, entonces es posible que las causas de la enuresis nocturna prolongada (desde la infancia) se originen en el tracto urinario.

Conceptos erróneos sobre la enuresis nocturna y los problemas urinarios durante el día

A usted, como a muchos padres, quizá le molesten los conceptos erróneos comunes sobre las causas de la enuresis nocturna y síntomas urinarios diurnos de su hijo. Algunos médicos y otros profesionales de la salud se apegan a estas ideas incorrectas, por lo que es importante que esté consciente de ello y que proteja a su hijo de los mismos. Algunos de los más perturbadores se mencionan a continuación.

Causas psicológicas

Como se ha dicho en este libro, la enuresis nocturna primaria (de nacimiento) prolongada y los problemas urinarios diurnos de su hijo, sin duda se deben a factores *físicos*, no psicológicos. Es muy trágico que muchos niños con problemas urinarios primarios sean lastimados por el mito de que mojan la cama porque están tristes, son inseguros, hostiles, flojos o porque desean llamar la atención. Y lo más triste es que muchos padres (en especial las madres) sean culpados de provocar los problemas urinarios de sus hijos, ya sea por crearles problemas emocionales o por fracasar en el entrenamiento para llevarlos al baño. Incluso los urólogos difunden este mito.

Por ejemplo, la madre de dos niñas que sufrían de enuresis nocturna y diurna me escribió sobre cierta experiencia:

> Llevé a [mi hija] con un urólogo que me dijo, *sin el beneficio de una examen, que su problema era ¡psicológico!* Le pidió a mi hija que le prometiera que iba a ser una niña buena y que no se mojaría nunca más. Desde luego, ella se lo prometió y al poco tiempo mojó la cama. Su teoría era que lo hacía por llamar la atención y que era nuestra culpa por ser demasiado indulgentes con su entrenamiento para ir al baño; que los niños eran como los cachorros y que algunas veces merecían una nalgada, etcétera.

Si su médico sugiere causas psicológicas para la enuresis nocturna y síntomas urinarios diurnos de su hijo, tenga por seguro que se equivoca, pues las causas son físicas.

Lesión cerebral

Durante años, los médicos pensaron que los niños mojaban la cama de forma persistente debido a una lesión o enfermedad cerebral. Sabemos que eso es una mentira. Su hijo no moja la cama porque tenga un cerebro lesionado o enfermo.

Esta idea equivocada deriva del uso de la prueba gestáltica viso-motor de Bender, que indica el grado de capacidad del niño para copiar patrones sencillos y el uso de trazados de las ondas cerebrales (electroencefalogramas, conocidos como EEG), más que del uso de rayos x o de estudios neurológicos, los cuales casi siempre muestran que no hay causas neurológicas para la enuresis nocturna. La capacidad de los EEG para detectar enfermedades cerebrales que no sean epilepsia, continúa siendo cuestionable.

De hecho, los EEG ni siquiera pueden ser precisos para la epilepsia. En algunos casos han mostrado patrones epilépticos en niños que están a años luz de la epilepsia. Con frecuencia muestran la inmadurez en el niño, cuando nadie sabe lo que eso significa en realidad o cómo se supone que cause enuresis nocturna. No puede esperar mucho de un estudio que registra las corrientes eléctricas de tan sólo una cuarta parte de la intrincada sección exterior de la superficie del cerebro y casi nada de la parte central interna del mismo. Como el escritor científico John Franklin, dos veces ganador del Premio Pulitzer, dijo en 1987 (en su libro *Molecules of the Mind*): "Se puede de igual manera tratar de deducir el funcionamiento y propósito de una computadora, monitoreando las deficiencias eléctricas producidas alrededor del exterior de la terminal."

Los EEG datan de hace unos 50 años y los expertos aún no se ponen de acuerdo en cuanto a sus resultados.

De acuerdo con la neuróloga canadiense Adrian R. M. Upton, muchos factores pueden afectar un EEG, incluyendo el sudor, gente caminando en el área y teléfonos celulares. El tiro de gracia contra los EEG (reportado en *Medical Tribune* por la corresponsal Harriet Page): Upton realizó un EEG a una gelatina de limón que se reportó como viva.

Por otro lado, incluso si existiese alguna lesión o enfermedad cerebral, no implicaría necesariamente que fuera la causa de la enuresis nocturna. Para muestra basta un botón: una madre consultó a mi antiguo colega, el doctor Ginsburg, porque su hijo de nueve años, quien tenía un tumor cerebral bastante grande, estaba muy deprimido por su enuresis. Los médicos que habían atendido al niño atribuyeron la enuresis al tumor cerebral. Pero el doctor Ginsburg interrogó minuciosamente a la madre y supo que el niño había mojado la cama antes de desarrollar el tumor. Un sencillo tratamiento urológico curó la enuresis e hizo la vida más soportable para el niño.

Infección urinaria

La infección urinaria ocurre entre un 20 a 30 % de las niñas con enuresis, pero rara vez en los niños. Si su hijo tiene una infección urinaria, debe ser tratada, desde luego, pero tal vez no sea la causa principal de la enuresis nocturna, como muchos médicos creen, sino consecuencia de un problema anatómico.

En 1972, un grupo de investigación encabezado por Betty Jones reportó en la *Canadian Medical Association Journal* los resultados del estudio de 89 niñas que sufrían de infecciones urinarias recurrentes. Descubrieron que 56 mojaban la cama. Sin embargo, el tratamiento que curó las infecciones urinarias, sólo pudo resolver la enuresis de dieciseis niñas. En otras palabras, curar la infección en la orina no detuvo la mayoría de las enuresis. A la luz de los resultados de éste y otros estudios, parece que la infección urinaria no es una causa principal de la enuresis nocturna.

Si tanto la infección urinaria como la enuresis nocturna son causadas por el mismo problema físico, entonces es muy probable que el tratamiento de la infección urinaria por sí solo no cure la enuresis de su hijo. El médico debe resolver el problema físico.

La vejiga inestable

Sea escéptico si un médico le dice que su hijo moja la cama porque su vejiga es inestable. La vejiga inestable es una de los numerosos términos usados por muchos médicos para describir una vejiga que supuestamente se contrae (y expele orina) de forma inadecuada. Se dice que ocasiona urgencia y frecuencia urinaria, incontinencia y enuresis nocturna. Desafortunadamente, al sobreestimar la función de la vejiga e ignorar la participación de la uretra en los problemas urinarios, demasiados médicos fracasan en tratar los defectos físicos que provocan la enuresis nocturna y los problemas diurnos.

La vejiga inestable ha sido expuesta como la causa de trastornos psicológicos, defectos del sistema nervioso y otras cosas. Sin embargo, excepto por las enfermedades del sistema nervioso, lo único que provoca la vejiga inestable es obstruir el flujo de salida, como Anthony R. Mundy observa en una reseña del tema publicada en *Urologic Clinics of North America*.

En otras palabras, el problema está en la uretra, no en la vejiga. Como el investigador Stig Karlson señala en un texto editado en la *Scandinavian Journal of Obstetrics and Gynecology*, la orina que entra en la uretra, aún cuando la vejiga está totalmente relajada, puede producir una necesidad urgente. Como L. Penders y sus colaboradores descubrieron e informaron en *European Urology*, en lugar de una vejiga inestable, debemos pensar en una uretra inestable. Los médicos necesitan tomar en cuenta las anormalidades uretrales que desencadenan reflejos de descarga inapropiados.

Si un urólogo culpa de la enuresis de su hijo a una vejiga inestable, busque otro urólogo que entienda la participación de las anormalidades de la uretra en las causas de la enuresis nocturna.

Falta de coordinación entre la vejiga y el esfínter

En años recientes, algunos investigadores han pensado que la enuresis nocturna y los problemas urinarios diurnos se deben a una falta de coordinación entre la vejiga y los músculos urinarios voluntarios. En otras palabras, dicen que los músculos voluntarios no se relajan durante la orina, como normalmente lo harían.

Sin embargo, parece ser que las pruebas usadas para detectar el espasmo muscular pueden en realidad *causarlo*. Jóvenes conectados a instrumentos misteriosos y ansiosos sobre lo que va a suceder, sin duda reaccionarán con aprensión y tensión muscular, en la parte del cuerpo en donde se llevan a cabo las pruebas. El diagnóstico sigue siendo difícil y engañoso. En 1981, la International Continence Society, una organización mundial de médicos y científicos dedicados a los problemas de control urinario, aconsejaron no realizar este tipo de diagnóstico, excepto en casos en los que exista una obvia enfermedad de la médula espinal (que puede ocasionar esta falta de coordinación). Aunque las enfermedades espinales son en extremo raras en los niños que padecen enuresis, algunas de estas pruebas aún se realizan. Si un médico le recomienda que someta a su hijo a pruebas para detectar una falta de coordinación entre la vejiga y el esfínter, no lo haga.

Pequeñas anormalidades de la uretra

Niños que tienen síntomas diurnos de frecuencia y urgencia urinaria (tratados en el capítulo 1) mojan su cama. Otros que presentan síntomas diurnos tienen el sueño tan ligero que despiertan varias veces en la noche para ir al baño. Algunos de ambos grupos tienen una o *más* de una anormalidad de la uretra. Estas anormalidades uretrales pueden ser pequeñas y sutiles o grandes y notorias. En su mayoría, son pequeñas y casi insignificantes, hasta el punto que algunos radiólogos y urólogos que examinan las placas de rayos X las pasan por alto, por equivocación, y reportan condiciones normales.

Estas anormalidades, inclusive las pequeñas y sutiles, crean problemas que pueden causar o contribuir a la enuresis de su hijo, como lo he informado. Otro médico que descubrió que estas pequeñas anormalidades pueden provocar enuresis nocturna y síntomas urinarios diurnos, y que contribuyó enormemente a lo que se conoce de ellas y su tratamiento, es el renombrado médico W. Hardy Hendren III, quien fuera jefe del servicio de cirugía pediátrica del Children's Hospital, de Boston, durante 22 años, y más tarde jefe de cirugía en el Massachussets General Hospital, en Boston. Por sus contribuciones, el Dr. Hendren fue honrado con múltiples premios, incluyendo la Medalla a la Urología Pediátrica de la Sección de Urología de la American Academy of Pediatrics.

Anormalidades uretrales en niñas

Como se refiere en el capítulo 2, la uretra de las niñas es mucho más corta que la de los niños por lo tanto, está sujeta a un número menor de anormalidades que la de los niños. En una niña, las anormalidades uretrales más probables son un meato muy estrecho o que no se abre lo suficiente para el flujo.

En cualquier caso, el meato es demasiado angosto para el flujo, lo que da como resultado una gran presión sobre las paredes uretrales internas. Esta presión provoca que las paredes uretrales, con sus músculos involuntarios, se dilaten y se debiliten, de manera que no pueden retener la orina. (Consulte el capítulo 2, ilustración 2.6.) La presión y la turbulencia del flujo también inflaman las paredes uretrales y las terminaciones nerviosas irritadas tienden a activar reflejos de vaciado repentinos, que es difícil o imposible controlar.

Anormalidades uretrales en niños

En los niños (como en las niñas) el defecto más común es un meato muy pequeño para el flujo de la orina. Algunos médicos pueden pasar por alto el meato como causa de enuresis nocturna en ciertos niños, porque puede no parecer pequeña, o porque su tamaño puede estar dentro del rango normal. Sin embargo, una abertura de un tamaño puede ser adecuada para un niño pero inadecuada para otro, dependiendo de la presión del flujo urinario del niño.

Un defecto adicional común en los niños es un *angostamiento* o *constricción* a poca distancia del meato o en algún punto en la uretra. Desafortunadamente, algunos niños tienen más de un angostamiento. (Por lo general, una constricción es algo con lo que el niño nace, aunque puede ser causado por lesione).

Otra anormalidad es un *doblez* o *pliegue* en el interior de la uretra del niño, en el punto en el que la sección posterior del órgano se encuentra con la sección media. Dicho doblez o pliegue puede ser muy pequeño (y difícil de detectar para el médico) o puede ser grande y detectarse con facilidad; no importando el tamaño, puede obstruir parcialmente el flujo de orina. Durante la micción, los pliegues más amplios se vuelcan hacia la salida, produciendo una retención mayor. Cualquier intercepción provoca presión, que a su vez produce inflamación y terminaciones nerviosas irritadas, pues el flujo, se abre paso a la fuerza y debilita las paredes uretrales. Muchos médicos se refieren a los dobleces y pliegues uretrales como *valvas*, pero no lo son en

149

sentido estricto. Los urólogos han estado pendientes de las valvas más grandes durante mucho tiempo, pero por lo general han ignorado las más sutiles.

Si su hijo tiene algún problema en la uretra, es muy probable que sólo sea una anormalidad menor. Sin embargo, puede ser más de una. Algunos niños tiene dos o incluso tres defectos menores en la uretra.

Las anormalidades uretrales pueden causar enuresis

¿Cómo es que pequeñas anormalidades, que parecen ser tan menores que muchos médicos las consideran normales o insignificantes, provocan o contribuyen a los síntomas urinarios y la enuresis nocturna de su hijo?

Luego de una larga experiencia en el tratamiento de este tipo de enuresis nocturna y por un amplio estudio en esta área, he desarrollado el esquema de lo que sucede. La vejiga y el flujo uretral (hidrodinámica) mantienen un delicado equilibrio que se altera con facilidad. La menor obstrucción en la uretra de su hijo, incrementa de manera importante la *presión* y la agitación del flujo durante la micción. Esta presión y movimiento, a su vez, inflama el recubrimiento de la uretra. La inflamación produce entonces una presión anormal sobre las terminaciones nerviosas de la uretra, dando como resultado reflejos de micción repentina.

Asimismo, el incremento de la presión lateral separa y debilita los músculos involuntarios de las paredes uretrales y, hasta cierto grado, los músculos del cuello de la vejiga. Todos estos músculos, como se ilustró en el capítulo 2, tienen la función de retener la orina sin que ello sea voluntario. Cuando se debilitan, su capacidad para este fin disminuye.

Antes de que la vejiga se llene lo suficiente para que la micción normal sea necesaria, los debilitados músculos del cuello de la vejiga permiten que un poco de orina escurra a la uretra; entonces se inicia un reflejo de micción que ocurre sin que su hijo sea consciente de ello. En otras palabras, la uretra se abre antes de tiempo y la vejiga, al contraerse, expulse orina. Conforme la vejiga se llena, los esfínteres urinarios se tensan automáticamente para prevenir la micción. Sin embargo, si la presión dentro de la uretra aumenta más allá de cierto punto, ésta tiende a relajarse, lo que provoca que la vejiga se empiece a contraer y expulse orina, sin que su hijo tenga control sobre el proceso.

Cuando la uretra se abre, y hace que la vejiga se contraiga antes de tiempo, su hijo puede experimentar una sensación de paso de orina por la uretra o de cierta pérdida de orina. En respuesta, apretará con rapidez los músculos voluntarios que rodean la uretra. Normalmente esto cerraría la uretra pero, cuando los músculos voluntarios y los de piso pélvico comprimen una uretra irritada, provocan presiones altas fuera de lo normal que pronto cambian el reflejo muscular, que normalmente *retendría* la orina por un reflejo que la *expulsa*. Bajo estas circunstancias, cuanto más intente su hijo detener el flujo de salida, más tiende a hacerlo salir.

Enfrentado a una emergencia tal, su hijo reforzará los músculos de los esfínteres apretando los músculos de la entrepierna, cruzando las piernas o apretándolas, sentándose en cuclillas o apretando sus genitales. Estas acciones retardan el reflejo de micción por un breve lapso, pero no lo detienen. Si su hijo no corre al baño, o si algo lo saca de su posición de refuerzo de los esfínteres, es probable que moje la ropa.

Todo esto es útil para explicar por qué, durante el día, los niños afectados presionan sus manos contra su zona genital, manchan su ropa interior, corren al baño y orinan con frecuencia. Pero, ¿por qué mojan la cama?

Durante el sueño, los músculos voluntarios del cuerpo se distienden, razón por la cual no podemos dormir parados. Los músculos voluntarios la pelvis y los que rodean la uretra se relajan. Ian Oswald observó en su libro *Sleeping and Waking*, que cuanto más profundo sea el sueño, más intenso será el grado de relajación de estos músculos. Su hijo profundamente dormido no puede ejercer el control que tiene durante el día. Si el cuello de la uretra está débil o dilatado, la relajación de los músculos voluntarios y del piso pélvico da como resultado que algo de orina entre en la uretra antes de que la vejiga se llene. Esta entrada de orina en la uretra, recuerde, desencadena la orina repentina. La vejiga se contrae y se inicia la micción. Su hijo dormido no está consciente de ello y no puede evitarlo. Por otro lado, si el sueño no es muy profundo y los músculos voluntarios no se han relajado lo suficiente para permitir que la orina entre en la uretra, su hijo despertará para ir al baño. Desde luego, la irritación severa de la uretra o un debilitamiento de los músculos del cuello de la uretra pueden producir enuresis, incluso cuando su hijo tenga el sueño ligero o, en algunos casos, cuando esté despierto.

El sueño profundo contribuye a la enuresis nocturna causada por defectos uretrales

Como aprendió en el capítulo 3, la mayoría de los niños que mojan la cama, sin importar la causa principal, tienen el sueño pesado y es muy difícil que despierten. Es por su incapacidad para despertar que muchos niños con enuresis nocturna no pueden responder cuando el reflejo de orinar se dispara. De igual manera, cuanto más profundo sea el sueño, más se relajan los músculos voluntarios y permiten que la orina entre en la uretra, desencadenando la enuresis nocturna. Los niños que tienen los mismos problemas físicos que los enuréticos, pero que no mojan la cama, tienen el sueño más ligero; pueden despertar cada vez que sienten la necesidad de orinar. (Se recomienda leer el capítulo 3, que habla sobre la participación del sueño pesado en la enuresis nocturna.)

Exámenes urológicos

Si se descartaron todas las demás causas, o si se detectaron y trataron causas potenciales pero la enuresis nocturna y los síntomas diurnos persisten, entonces su hijo debe ser examinado por un *urólogo*.

Algunas de las siguientes secciones comprenden detalles que lo mantendrán bien informado.

Examen preliminar

Cuando lleve a su hijo con un urólogo, le pedirá le hable de los problemas de su hijo. Luego procederá a un examen físico enfocado principalmente en los síntomas y en cualquier afección física que se pueda relacionar con el sistema urinario.

El urólogo palpará el abdomen del niño para detectar si la vejiga no se está vaciando de forma correcta e inspeccionará la zona genital y anal minuciosamente para verificar posibles causas de la enuresis nocturna, como hemorroides, inflamación de la zona genital o anal y parásitos. El urólogo también verificará el recto para detectar si hay partículas de excremento retenidas. (Normalmente el recto no retiene heces hasta que el niño siente la necesidad de evacuar. La retención en el recto podría ser la causa de la enuresis nocturna de su hijo, como se dijo en el capítulo 6.) Además, el urólogo revisará la parte inferior de la columna de su hijo y probará sus reflejos y respuestas del sistema nervioso para detectar alguna anormalidad en la parte inferior de la columna (como la espina bífida) que pudiera contribuir a la enuresis nocturna. (Si hubiera algún problema en dichas áreas, se debe indicar antes de que el médico haga cualquier recomendación.)

Si es posible, el urólogo verá orinar a su hijo. La forma y velocidad del flujo pueden indicar anormalidades uretrales. En un niño, la corriente por lo general se ensancha (tiene una forma oval en el centro conforme sale del pene). Si la corriente es rápida y recta (sin forma oval), indica que la abertura uretral (en la punta del pene) es demasiado angosta. (Vea la ilustración 9.1.) Asimismo, se analizará la orina de su hijo para detectar la presencia de azúcar (diabetes), bacterias (infección) y gravedad específica (capacidad de los riñones para concentrar la orina).

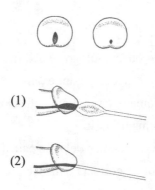

Ilustración 9.1. La forma de la corriente urinaria al salir del pene proporciona una clave para verificar la condición del meato. (1) El meato normal forma una corriente de salida en óvalo con un centro translúcido. (2) El meato angosto, una corriente directa.

Rayos x de los riñones

Los riñones son los órganos que procesan la orina. La gran mayoría de los niños con enuresis nocturna tienen riñones normales y no requieren rayos x. El urólogo sugerirá rayos x de los riñones sólo si existen razones para creer que puede existir un problema específico. Si su hijo tiene dolor en la zona de los riñones o si presenta pus en la orina, solicitará un estudio de rayos x llamado pielograma intravenoso (PIV).

Para realizar un PIV, el radiólogo debe inyectar un fluido inerte especial llamado *radiopaco* por vía intravenosa en el brazo del niño. Este fluido, que aparece en los rayos x, recorre el torrente sanguíneo hasta los riñones, donde es expulsado en la orina. El radiólogo o técnico tomará un número de placas de rayos x conforme el fluido pasa por el tracto urinario del niño. Estas placas delinearán de forma clara los riñones, los uréteres (conductos que van de los riñones a la vejiga) y la vejiga. Si su hijo debe ser sometido a un PIV, que casi siempre se realiza por la mañana, debe asistir en ayunas (sin tomar alimentos ni bebidas).

Debido a que presenta varios inconvenientes, el PIV se debe evitar a menos que el urólogo sospeche de una enfermedad renal: expone al niño a la radiación que implica el número de placas de rayos x y cuando el fluido *radiopaco* es inyectado en el torrente sanguíneo, produce reacciones alérgicas en algunos niños. La experiencia produce temor en los niños, en especial cuando se les inyecta el fluido y ven el aparato de rayos x. Si su urólogo solicita que haga una cita para un PIV, debe preguntarle sus razones para hacerlo.

Rayos x de la vejiga y la uretra; cistouretrograma de vaciado consciente

Aunque la enuresis nocturna en niños rara vez requiere de rayos x de los riñones, por lo general se necesitan radiografías de la vejiga y la uretra, que deben programarse y ser tomadas por un radiólogo.

Algunos urólogos solicitan que estas placas se tomen mientras el niño orina, en un procedimiento llamado *cistouretrograma de vaciado consciente*, que consiste en pasar un catéter (un tubo diminuto) de la uretra hasta la vejiga (el tubo es tan delgado que rara vez provoca incomodidad física temporal, pero puede pedir al radiólogo que use anestesia local para evitar cualquier molestia). En seguida se llena la vejiga con el fluido que se muestra en los rayos x. (Cuando el fluido es enviado en forma directa a la vejiga y no a través del torrente sanguíneo, el peligro de reacciones alérgicas disminuye.)

Luego el radiólogo monitorea el proceso por medio de un fluoroscopio (un objeto que permite ver las imágenes de rayos x del cuerpo en forma directa, en lugar de esperar las placas reveladas) y también toma varias placas de rayos x mientras el niño orina. Las placas muestran cualquier devolución anormal de orina (reflujo) a los riñones, tamaño anormal de la vejiga y músculos de la vejiga anormales (agrandados). Además se puede descubrir la separación de las paredes de la uretra, las zonas de angostamiento del cuello de la vejiga y los angostamientos (*estenosis*) dentro de la misma uretra.

No estoy a favor del cistouretrograma de vaciado consciente por varias razones. El procedimiento causa temor a los niños. Los niños asustados no orinan de forma normal para el estudio, en especial después de que el catéter es insertado. Por otra parte, debido a la fluoroscopia y al número de placas de rayos x necesarias en este procedimiento, se expone al niño a una radiación considerable. Al mismo tiempo, el cistouretrograma de vaciado consciente con frecuencia fracasa en revelar pequeñas anormalidades uretrales, amén de que el procedimiento es costoso.

Si el urólogo solicita este procedimiento, quizá usted desee preguntarle sobre la posibilidad de evitar el estudio estando su hijo despierto y hacerlo después de que sea anestesiado.

Cistouretrografía estática inconsciente es una forma de tomar rayos x de la vejiga y la uretra sin atemorizar al niño. Es el procedimiento que yo prefiero. En nuestra experiencia con casi 3 000 niños, mi colega, el doctor Ginsburg, y yo hemos aprendido que no tenemos que realizar exámenes costosos ni atemorizar y estresar a niños con la inserción del catéter y el fluido.

Si se descartaron (o corrigieron) otras condiciones y enfermedades y la continua enuresis nocturna es acompañada de síntomas urinarios diurnos, estamos seguros de que existe un problema en la uretra que requerirá hospitalización para un mayor examen y tratamiento. En el hospital, con el niño anestesiado, realizamos la *cistouretrografía estática inconsciente.*

Este procedimiento incluye pasar un catéter diminuto hasta la vejiga, hasta llenarla con el fluido que se muestra en los rayos x, sacar el catéter y tomar una placa de rayos x al momento en que la vejiga expulse el fluido hacia la uretra. La cistouretrografía es preferible porque causa mucho menos estrés al niño y requiere sólo una placa de rayos x, sin fluoroscopia; no se expone al niño a una radiación. El doctor Roger Berg (como radiólogo) y yo destacamos en el *Journal of Urology*, que este método es mejor que el de los pacientes despiertos para fines de diagnóstico.

Existen beneficios adicionales: mientras que el niño se encuentra aún bajo los efectos de la anestesia, se puede examinar la uretra y la vejiga con un cistouretroscopio. De la misma manera, cuando encontramos la anormalidad dentro de la uretra, podemos realizar una sencilla cirugía para corregirla e, inmediatamente después, repetir la cistouretrografía con una placa más de rayos x para ver si la anormalidad fue corregida en su totalidad. En general, el niño es sometido a anestesia una vez y a rayos x sólo dos veces. Se le ahorra al niño la molestia física y psicológica de experimentar en estado consciente el manejo del área genital, la inserción del catéter a través de la uretra, el llenado de la vejiga y expulsar el líquido introducido mientras se le toman las placas.

A nadie le gusta hospitalizar a un niño o someterlo a anestesia, pero sin anestesia, el urólogo no puede usar un cistouretroscopio, ni dilatar la uretra, ni realizar la cirugía necesaria. Desde luego, existen riesgos menores en la anestesia, así como en el procedimiento médico, pero en términos generales es muy segura. Los niños son hospitalizados y anestesiados para operaciones del apéndice, adenoides, etcétera, cuando las condiciones lo requieren. Un defecto en la uretra no sólo causa enuresis nocturna, sino también muchos otros problemas urológicos. Como padre, usted desea el mejor procedimiento de diagnóstico y el mejor tratamiento para corregir una anormalidad, igual que en el caso de cualquier otra afección seria.

Cistouretroscopía

Un urólogo puede examinar la uretra y la vejiga viendo dentro de ellas por medio de un instrumento especial llamado *cistouretroscopio*, que se inserta por la uretra. A través de este instrumento los urólogos pueden ver inflamaciones de la vejiga (lo que indica que una obstrucción los ha hecho trabajar demasiado), angostamiento en el cuello de la vejiga, inflamación de la capa de la uretra y obstrucciones en la misma, tales como pliegues y dobleces. Los urólogos pueden incluso tomar fotografías por medio del cistouretroscopio. Este instrumento viene en varios tamaños, incluyendo los muy pequeños para examinar niños. La *cistouretroscopía* se realiza sólo cuando el niño está bajo los efectos de la anestesia general.

Sondeo

Cuando el niño está anestesiado, el urólogo puede usar un instrumento muy delgado llamado sonda para detectar angostamientos uretrales muy pequeños (estenosis), que algunas veces no se ven en los rayos x de la uretra. La punta de la sonda, con forma de bala, permite introducirla con facilidad en la uretra; pero al retirar la sonda lentamente la base de la cabeza ahusada de la sonda se atora en cualquier angostamiento, incluso los más sutiles, permitiendo así detectarlos. La sonda no se puede usar sin anestesia.

El uso de la sonda es importante. Permitió a Richards P. Lyon y Donald R. Smith demostrar en el *Journal of Urology* que la obstrucción en las niñas, que se intuía en el cuello de la vejiga, estaba en realidad en el meato. Este descubrimiento ha salvado a muchas niñas de cirugía del cuello de la vejiga y de la incontinencia que algunas veces puede causar dicha cirugía. Se aprenderá más acerca del tema en este capítulo.

Ultrasonido

Un número importante de médicos está usando el ultrasonido como otro medio para examinar a pacientes enuréticos. (Si usted es madre, quizá ya haya experimentado un procedimiento de ultrasonido durante el embarazo.) El ultrasonido se genera durante la Segunda Guerra Mundial para detectar submarinos; funcionaba basado en el eco: una máquina genera una serie de ondas de energía ultrasónica y las enfoca en un rayo. El operador de la máquina dirige el rayo hacia los tejidos examinados. Como los tejidos varían en densidad, los ecos que producen también. Se convierten en impulsos eléctricos desplegados en una pantalla, mostrando anormalidades de tamaño, forma y estructura.

Durante los últimos diez años, instrumentos, conocimiento y técnicas han aumentado en gran medida la capacidad de diagnóstico por ultrasonido. Sin exponer a los niños a demasiados rayos x o inyecciones intravenosas de fluido radiopaco, los médicos pueden usar el ultrasonido, en muchos casos, para ver en pantalla, anormalidades importantes de los riñones y la vejiga, así como grandes problemas uretrales, el reflujo de orina de la vejiga a los riñones y residuos en la vejiga después de orinar.

Desafortunadamente, aunque el ultrasonido puede detectar pliegues y dobleces grandes y obvios en la uretra de los niños varones, no puede detectar los más sutiles ni los angostamientos e inflamaciones que dan como resultado tantas enuresis nocturnas. Para detectar estos pequeños defectos, el urólogo necesita usar el cistouretroscopio, la uretrografía y en algunos casos la sonda. Si su urólogo no va más allá del uso del ultrasonido para detectar pequeñas anormalidades uretrales, debe encontrar a otro urólogo que realice los exámenes necesarios.

Urodinámica

Urodinámica es una palabra que los urólogos usan para describir varios métodos para medir las presiones de la vejiga, las proporciones del flujo urinario, la acción de los esfínteres, etc. El examen urodinámico usado con mayor frecuencia es el cistometrograma, que es la medición de la presión intravesical o de la vejiga. No recomiendo este procedimiento. La prueba requiere que el médico pase un catéter por la uretra dentro de la vejiga y llene la vejiga del niño con agua o dióxido de carbono. Una máquina llamada cistómetro, conectada al catéter, registra la presión conforme se aumenta la cantidad de fluido o gas. Esta prueba ayuda a los urólogos a detectar anormalidades de volumen, presión y actividad de la vejiga.

El cistometrograma tiene grandes limitaciones. Sus resultados pueden cambiar de un examen a otro en el mismo niño. El cistometrograma no revela ninguna obstrucción de la uretra. No dice nada sobre su funcionamiento. Como la vejiga y la uretra no trabajan de forma independiente, el ensayo es incompleto y, en el peor de los casos, engañoso. Desde mi punto de vista, a menudo indica enfermedades que no existen y conduce a tratamientos que no curan.

El examen urodinámico en niños es por completo impráctico por otra razón todavía más importante: no puede lograr que un niño con un catéter conectado a una máquina y en un ambiente extraño y atemorizante orine como si estuviera en casa.

Tratamiento quirúrgico

Si su hijo enurético tiene un angostamiento u obstrucción en la uretra que interfiera con el flujo normal de orina, una operación sencilla eliminará o corregirá la anormalidad. La mayoría de las anormalidades uretrales son fáciles de remediar. La corrección cura los problemas urinarios diurnos muy rápido en 85 % de los niños que se someten a cirugía, y mejora la enuresis nocturna dentro de los cuatro meses posteriores en 70 %. En aproximadamente 15 % de los casos, la operación cura los problemas diurnos, pero la enuresis nocturna requiere de tratamiento (que no es urológico) adicional para superar el sueño pesado (consulte el capítulo 3). En cualquier caso, el tratamiento quirúrgico elimina la causa principal, y no nada más el síntoma, y previene que problemas más serios (tratados en el capítulo 1) se desarrollen.

Existen varios tipos de cirugía que corrigen diferentes tipos de defectos del tracto urinario.

Meatotomía

Si la abertura uretral de su hijo (llamada meato) es demasiado pequeña, el urólogo necesita hacer una pequeña incisión para abrirla. Este procedimiento se conoce como meatotomía.

Después de la incisión, el urólogo debe hacer lo necesario para bloquear la fuerte tendencia de los márgenes del corte para restaurarse. El método más eficiente y menos doloroso es el que descubrimos el doctor Ginsburg y yo y que describimos en el *Journal of Urology*. Este método consiste en aplicar hoja de oro delgada en la herida. La hoja de oro permanece diez días hasta que el tejido sana y no se puede unir de nuevo; la hoja de oro se cae sola. Esta sencilla técnica elimina la necesidad de sutura, reduce el tiempo de operación y evita hemorragias secundarias.

Anteriormente, los médicos instruían a las madres para que insertaran un gotero de vidrio lubricado en la abertura por lo menos cuatro veces al día. El método del gotero es usado actualmente por algunos urólogos.Otros médicos todavía piden a los padres que inserten un objeto, como la punta de un tubo de ungüento oftálmico en el meato, una o dos veces al día, por unas semanas, hasta que sane por completo. Estas técnicas (que no son necesarias cuando se usa hoja de oro) son muy estresantes, tanto para los padres como para el niño y son en verdad indeseables desde el punto de vista psicológico. Trate de encontrar un médico que utilice el método de la hoja de oro (o alguno que quiera probarlo) u otro método menos estresante que el de la inserción diaria de algún objeto.

Un método todavía más antiguo que evita que los márgenes se regeneren incluye la aplicación de nitrato de plata al 100 por ciento. Aunque es reprobable, algunos urólogos todavía lo usan. El nitrato de plata destruye los vasos sanguíneos y el tejido circundante, creando una zona oscura y algunas veces fracasa en evitar que las orillas se vuelvan a unir.

Si usted sabe que es necesaria una meatotomía, puede hablar con el urólogo sobre el método que usará, con el fin de evitar que los márgenes de la herida se cierren. Si le menciona una de las técnicas antiguas, puede sugerirle el de la hoja de oro. Sin embargo, manténgase enterado sobre otros métodos más novedosos. Los urólogos con experiencia pueden tener sus propios métodos, quizá tan efectivos como el de la hoja de oro.

Corrección de angostamientos, dobleces y pliegues

Algunas veces los urólogos usan un instrumento sencillo llamado *sonda* para expandir los angostamientos (que los médicos llaman *estenosis*) en la uretra. No obstante, para algunos casos de estenosis se necesita realizar una cirugía.

Un angostamiento es diferente de un doblez o pliegue de tejido (que los médicos llaman válvulas). Si los dobleces o pliegues son el problema, se debe remover uno o incluso dos de la uretra. Después de localizar su posición (con la cistouretroscopía o una placa de rayos x), el urólogo puede eliminar con facilidad estas obstrucciones con un electrodo muy delgado, que se pasa a través del cistouretroscopio. La ilustración 9.2 muestra un tipo común de válvula pequeña (vista por el cistouretroscopio) y el área después de la remoción.

Diga no a la cirugía del cuello de la vejiga

Cuando una obstrucción uretral hace que la vejiga trabaje más de lo normal para sacar la orina, los músculos en la abertura o cuello de la vejiga expanden e interfieren con el flujo libre de la orina. Este problema ha ocasionado cierta confusión. En el pasado, algunos médicos no estaban convencidos de que el aumento de tamaño en los músculos del cuello de la vejiga era resultado de una obstrucción en la uretra y cortaban parte del músculo del cuello de la vejiga para ensanchar la abertura de la vejiga.

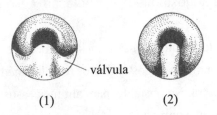

válvula

(1)   (2)

Ilustración 9.2. Corrección quirúrgica de pliegues (algunas veces llamados válvulas). (1) Pliegues uretrales vistos a través de un cistouretroscopio. (2) Vista del área después de la eliminación quirúrgica de los pliegues por medio de cauterización.

Desafortunadamente, en los varones, al cortar parte de este músculo se debilita el esfínter responsable de evitar que el semen regrese hacia la vejiga (en lugar de ir a la uretra y al el exterior) durante el clímax sexual. Aunque este padecimiento por lo general no afecta el deseo o capacidad sexual, más adelante, produce infertilidad, ya que el esperma no llega al útero de la pareja.

La cirugía del cuello de la vejiga casi nunca debe realizarse en niños varones. El problema se resuelve corrigiendo la obstrucción. En los casos en los que el problema se tiene en la edad adulta, los urólogos han descubierto que una incisión sencilla en el músculo inflamado del cuello de la vejiga, sin remover nada de su estructura, resuelve el problema del músculo y reduce en gran medida el riesgo de infertilidad.

Lo mismo ocurre en el cuello de la vejiga de las niñas cuando una obstrucción uretral ensancha o separa las paredes uretrales; el cuello parece más angosto. Los urólogos que equivocadamente consideraban angosto el cuello de la vejiga le hacían un corte. Este proceder ilógico no sólo pasaba por alto la causa verdadera (un problema en la uretra), sino que también ponía en peligro la capacidad de la niña para retener la orina. Si un médico quiere cortar o agrandar el cuello de la vejiga de su hija, evítelo. ¡Busque una segunda opinión de inmediato!

Éxito de la cirugía

¿Cuáles son los resultados de la cirugía correcta para ensanchar y/o remover los pliegues o dobleces en la uretra? Después de la cirugía, los niños orinan con presiones más bajas y, en la mayoría de los casos, cómodamente.

Como lo reseñé en *Urology* y en *Postgraduate Medicine* (y como muchos otros lo hicieron, incluyendo a David Mahony, J. Vanwaenbergh,

Yoshimori Mori, K. Haubensak y K. M. Schrott), pocos días o semanas de la cirugía correcta, los síntomas urinarios diurnos, en 85 % de los casos desaparecen o se reducen en forma importante; en cuatro meses, la enuresis nocturna en 70 % de los casos, se detiene o se reduce de forma significativa. (Todos los resultados, y los del doctor Ginsburg, fueron revisados y confirmados de modo independiente por el doctor Robert Ambrose, urólogo, y por el doctor John Stockman, jefe del departamento de urología en el Morristown Memorial Hospital, Morristown, Nueva Jersey.)

¿Qué pasa con el 15 % de los enuréticos cuyos síntomas diurnos han sido corregidos pero que siguen mojando la cama cuatro meses después? En este punto, la mayoría se puede curar con éxito con el método de la alarma de orina, que supera el problema del sueño pesado (consulte el capítulo 3), aunque éste no haya servido antes de la cirugía. Se informa que algunos se curan en dos o tres meses de tratamiento con imipramina (Tofranil). Sin embargo, si el urólogo le prescribe imipramina a su hijo, debe seguir las instrucciones al pie de la letra, porque la sobredosis puede provocar severos efectos secundarios, e incluso la muerte.

Aunque en la mayoría de los casos de obstrucción uretral solo existe una anormalidad (con frecuencia sutil), es posible que se presenten hasta tres. Por ejemplo, puede haber una abertura demasiado pequeña, junto a un angostamiento justo detrás de la abertura y un doblez o pliegue un poco más atrás. Si todas se eliminan al mismo tiempo, la operación logrará su propósito y su hijo no sufrirá dolor después de la operación.

Esto es en extremo importante. Si uno de los defectos, no importa el tamaño, se deja sin tratar, no solo persistirá el problema de la orina, sino que el niño también sufrirá mucho en el proceso de curación de la cirugía. He tratado a pacientes que recuerdan terribles dolores postoperatorios, resultado del tratamiento de un cirujano anterior que no eliminó todas las obstrucciones existentes. (Por fortuna, es raro que suceda, cuando la cirugía es realizada por urólogos que están alertas ante anormalidades sutiles.)

Al seleccionar un urólogo, busque uno que no descarte los dobleces y pliegues sutiles o insignificantes, lo cual, por desgracia, hacen muchos especialistas. Si su hijo sufre dolor e incomodidad después de la operación, necesitará volver con el urólogo para más exámenes y tratamiento.

Es necesario tener precaución al seleccionar un urólogo, aunque debo decir que debido a los muchos años de tratamiento exitoso de niños con enuresis nocturna, para los enuréticos con obstrucciones uretrales, las medidas quirúrgicas que defiendo proporcionan la más alta taza de curación. Otros urólogos ha informado de resultados similares.

Hable a fondo sobre los problemas de micción de su hijo con su pediatra o médico familiar. Si decide visitar a un urólogo, tiene el derecho de conocer de antemano los puntos de vista del mismo en lo referente a la enuresis, a los métodos de tratamiento que utiliza y a los resultados que ofrece. Puede preguntar al pediatra si conoce los puntos de vista del urólogo que le recomienda.

Debe tomar precauciones con el urólogo que le diga que rara vez se encuentran anormalidades físicas pequeñas, como las descritas en este capítulo. Si los urólogos descartan las anormalidades pequeñas y sutiles que yo (y muchos otros) hemos descubierto como causas importantes de la enuresis nocturna, estos médicos no contribuirán a la curación de su pequeño.

¿Será impactante la hospitalización para su hijo?

Nosotros estábamos tan preocupados como usted sobre el efecto de la hospitalización en los niños, así que el doctor Ginsburg y yo hicimos un estudio de estimaciones de los padres en cuanto a las reacciones de sus hijos a la hospitalización. Recopilamos sus respuestas en un amplio cuestionario de seguimiento que dimos a los padres de cada niño al que practicamos cirugía.

Los padres expresaron, con sus excepciones, que los niños que eran preparados de forma adecuada para la experiencia no se sentían intimidados. (Consulte en el capítulo 10 las sugerencias sobre cómo preparar a su hijo para las visitas al médico y la estancia en el hospital.) Muchos de los niños incluso se sentían orgullosos de ir al hospital para su operación. (Quizá los programas de televisión sobre hospitales ayuden a promover una actitud positiva.) Los padres nos confiaron que sus hijos se sentían ansiosos de ser curados de su enuresis nocturna y se sentían profundamente agradecidos.

Una condición inusual: la vejiga perezosa

Aunque las posibilidades de que su hijo pueda padecer de la llamada vejiga perezosa son escasas, no quiero dejar de mencionarla porque contribuye a la enuresis nocturna. Es el caso de la vejiga excepcionalmente grande. Esta enorme vejiga con músculos delgados casi siempre se asocia con un recto grande de músculos también delgados. Con frecuencia uno de los padres padece de lo mismo, así que creo que es hereditaria y está presente en el niño desde el nacimiento.

Normalmente, los pacientes no tienen otros síntomas, excepto que van al baño con mucho menor frecuencia que otros niños. Controlan sus esfínteres a edad temprana y son buenos viajeros, quizá porque su vejiga es más grande.

Como estos niños vacían su vejiga con tan poca frecuencia, las bacterias tienen oportunidad de multiplicarse y acumularse ocasionando infecciones urinarias. Durante las infecciones los niños experimentan urgencia y frecuencia urinaria durante el día, así como enuresis nocturna y varias micciones durante la noche.

Si su hijo tiene estos síntomas, debe ser examinado por un urólogo. Pero primero necesita ser tratado con antibióticos para combatir la infección. Paso seguido, su hijo necesita ser entrenado para ir al baño cada dos horas (aproximadamente) en lugar de esperar la señal de que la vejiga está llena.

Dos problemas extraños durante el día

La mayoría de los niños que tienen síntomas urinarios diurnos también mojan la cama, o si tienen el sueño ligero, se levantan varias veces durante la noche para ir al baño. Sin embargo, existen dos situaciones que provocan algunos síntomas diurnos sin producir enuresis nocturna u orina frecuente durante la noche. Como se pueden confundir con otros problemas tratados en este capítulo, las describiré.

Incontinencia por risa

La llamada *incontinencia por risa* es muy rara, pero la he visto en niños que yo he atendido.

Con la incontinencia por risa, un niño experimenta una pérdida repentina e involuntaria de orina durante un acceso de risa. Quienes sufren este inconveniente por lo general son niñas preadolescentes, aunque también algunos varones, y a veces adultos jóvenes. La causa aún es desconocida. Sabemos que, por lo general, desaparece con el tiempo en la mayoría de los casos, pero no en todos.

No existe un tratamiento aceptado, aunque los investigadores J. T. Brockelbank y S. R. Meadow, del Reino Unido, dijeron haber curado a dos niños con el uso del fármaco propantelina; P. K. Sher asentó en *Pediatric Neurology* de un tratamiento exitoso con el fármaco metilfenidato; y M. G. Arena y un grupo de investigadores italianos curaron a una niña con el uso de imipramina (Tofranil).

Si su hija experimenta *incontinencia por risa*, dígale que es probable que desaparezca antes de que se convierta en adulto y que usted sabe que no puede evitarlo. Tal vez desee cargar una bolsa para la ropa mojada y una muda de ropa. El uso de toallas sanitarias y/o pañales para adulto (como Depend) puede ser útil.

Síndrome de frecuencia extraordinaria diurna

En el Síndrome de frecuencia extraordinaria diurna, que algunos médicos llaman *polaquiuria*, niños que no han presentado dificultades urinarias, de repente empiezan a orinar con mayor frecuencia, algunos cada cinco o quince minutos. En la mayoría de los casos, los niños (casi todos varones) no mojan la cama y no necesitan orinar durante la noche. Los cultivos y análisis de orina no muestran infecciones ni otros problemas físicos. El síndrome dura sólo unos días, semanas o meses (aunque se reporta un caso intermitente de tres y medio años).

Entre otros investigadores, Jeri Zoubek y sus colegas, y Lee W. Bass, quienes describen el sindrome en ediciones separadas de la revista *Pediatrics*, aconsejaron no tratarlo con fármacos. En una carta a la misma revista, el urólogo Arnold H. Colodny sugirió que la imipramina (Tofranil) podía romper el ciclo o aliviar los síntomas.

La causa del síndrome de frecuencia urinaria diurna se desconoce. A. K. Gupta y sus investigadores estudiaron a diez niños que padecían este síntoma; reportaron en la revista *Indian Pediatrics* que siete de los niños lo desarrollaron después de una infección de las vías respiratorias superiores. Bass, quien estudió a trece niños, informó que la afección se desencadenó en diez de los niños después de estar sometidos a estrés.

Si su médico no encuentra ninguna infección u otra causa física, usted debe asegurar al niño que la condición es temporal. Debe explorar y hablar con el niño sobre cualquier situación amenazante o estresante que pueda estar experimentando. Si la orina de su hijo es tan frecuente que está alterando su vida, quizá desee pedir a su médico que le prescriba tratamiento con imipramina. (Recuerde que debe supervisar el uso de este medicamento con mucho cuidado.)

Prepare a su hijo para las experiencias con los médicos y las cirugías

Su búsqueda sobre la causa de la enuresis nocturna de su hijo empezará con una visita al pediatra o el examen con un especialista. Espero que alguno de estos médicos encuentre o confirme la causa e inicie un tratamiento efectivo. El especialista puede considerar necesarias algunas pruebas especiales y después, quizá, una cirugía.

Es importante que ayude al niño a prepararse para lo que le espera. Debe compartir información, disipar temores y corregir conceptos erróneos. Al mismo tiempo, necesita prepararse usted para brindar la información adecuada para que los médicos puedan diagnosticar.

Preparación para ir al médico

Cuándo empezar a buscar la ayuda de un médico

Si su hijo ha mojado la cama desde pequeño, no se preocupe hasta que cumpla cuatro o cinco años; entonces debe ser examinado por su pediatra o médico familiar, quien empezará a investigar las causas. Ahora, si su hijo también ha experimentado síntomas intestinales frecuentes o la necesidad de orinar con frecuencia o imprevista durante el día, debe ser examinado tan pronto como usted se percate del problema. Desde luego, si su hijo tiene una fiebre inexplicable, dolor abdominal o de espalda, inflamación del área genital o anal, excesiva sed persistente o signos de tener parásitos (comezón en el ano), debe ser examinado de inmediato.

Si su hijo no ha mojado la cama durante algún tiempo (seis meses o más) y comienza a hacerlo de pronto, obsérvelo con atención. Si no presenta fiebre ni síntomas urinarios diurnos, y en otros momentos luce normal, puede esperar una semana para ver al médico; la enuresis puede ser un episodio temporal. Empero, si presenta síntomas de frecuencia y urgencia urinaria durante el día, la enuresis nocturna puede ser consecuencia de lo que esté causando los síntomas diurnos; debe hacer una cita con el médico. Si su hijo tiene fiebre o cualquier signo de enfermedad de los descritos en el párrafo anterior, debe ser examinado por un médico de inmediato.

Seleccione un médico

Es importante que a su hijo lo atienda un médico que sea no sólo competente, sino amable y comunicativo. Para investigar la enuresis nocturna, el médico debe examinar el cuerpo, incluyendo partes que el niño considera con todo derecho muy privadas; debe haber simpatía entre paciente y médico. Si por experiencia sabe que el pediatra de su hijo es frío, severo, distante o poco comunicativo, es tiempo de que pida algunas recomendaciones a otros padres de su comunidad y cambie de especialista. Entre otras cualidades, debe buscar flexibilidad en el médico de su hijo: pregunte si tiene voluntad para considerar e investigar todas las posibilidades. Es deseable un médico que no descarte o minimice el problema de la enuresis nocturna, sino que muestre un vivo interés en descubrir la o las causas.

Alivie la culpa de su hijo

Una vez que haya hecho una cita con un médico, debe prepararse para la visita con su hijo. Unos tres días antes de la cita (si es un niño mayor) hable de forma abierta con su hijo acerca del problema de mojar la cama, sin importar cuántas veces lo haya hecho antes, y platique sobre la visita al médico. Como los niños por lo general tienen un secreto sentido de culpa y vergüenza por mojar la cama (aún cuando no lo expresen, no importando si usted ha brindado todo su apoyo), converse de nuevo con su hijo: mojar la cama no es su culpa, que no hizo nada para provocarlo y que le sucede a muchos niños. Si usted o su cónyuge mojaron la cama cuando eran niños, dígaselo a su hijo; saber que este problema es de familia y no resultado de un mal comportamiento aliviará sus sentimientos de culpa de modo más natural que cualquier otra información. Explíquele que ir al médico no es un castigo; el trabajo del médico es tratar de encontrar la causa y descubrir cómo resolver el problema.

Dígale a su hijo qué debe esperar en el consultorio del pediatra

Explique (al nivel de entendimiento de su hijo) que hay muchas partes diferentes en el cuerpo que pueden ocasionar la enuresis nocturna, por lo tanto el médico necesitará toda la información relacionada con el problema y que analizará varias cosas. Que su hijo sepa que el médico examinará varias partes de su cuerpo, incluso sus partes más íntimas, lo que lo hará sentirse un poco susceptible, pero que ese examen es lo que deben hacer los médicos para descubrir qué está provocando que moje la cama. Use un lenguaje sencillo y amable. Que su hijo entienda que lo que usted le ha enseñado sobre la privacidad de sus partes íntimas es cierto, pero que los padres, médicos y enfermeras algunas veces necesitan examinar a los niños; esas son las únicas excepciones. Haga que su hijo sienta confianza en el médico, y dígale que usted estará en el consultorio todo el tiempo. Si es un niño mayor, quizá desee que lo acompañe el padre del mismo sexo o ninguno de los dos, y esa decisión debe ser respetada.

Aliente a su hijo a hacer preguntas y contéstelas con la verdad sin entrar en detalles alarmantes. Los niños de cualquier edad pueden asimilar y entender mucho mejor si saben por anticipado lo que va a suceder y las razones por las que es necesario. También les beneficia saber que muchos otros niños tienen el mismo problema y que han pasado por lo mismo. En los siguientes días pueden surgir más preguntas que le darán una perspectiva de los temores y confusiones de su hijo. Es importante la honestidad para disipar temores y corregir confusiones.

Su hijo debe saber que el pediatra o médico familiar puede necesitar ayuda de otros especialistas para descubrir la causa de la enuresis.

Su hijo debe saber lo que le espera en el consultorio del especialista

Prepare a su hijo siguiendo pasos similares a los de la visita al médico de cabecera; hable sobre el problema de mojar la cama, disipe la culpa y el miedo, aclare las confusiones, comparta información sobre lo que se debe esperar del examen y fomente las preguntas.

Vicki L. Squires, directora de Child Life Services en un hospital de Texas, escribe que la falta de familiaridad y el carácter impredecible contribuyen a un sentimiento de vulnerabilidad en los niños. Usted mismo puede conocer muy poco sobre el examen que realiza el especialista. Por lo tanto, cuando haga la cita para verlo, pida a la recepcionista, enfermera o médico que le explique qué sucederá.

Si su hijo necesita ser examinado por un urólogo y usted busca uno que evite los procedimientos que yo no aconsejo en el capítulo 9, éste es un momento oportuno para preguntarle sobre sus procedimientos y aceptar o rechazarlo.

El niño debe saber que el médico necesita tamborilear su pancita, ver si la abertura de su pis (o cualquier palabra que usted use con su hijo) es suficientemente grande y revisar si hay problemas por donde sale la popo. Si es necesario introducir un catéter para un cistouretrograma de vaciado consciente (ya que la mayoría de los médicos no usan el método inconsciente), explíquele que el médico puede pedir a una especialista en rayos X que le coloque una manguerita muy, muy delgada y que introducirá por ella un líquido especial que mostrará en las placas la forma de las partes que están dentro de su cuerpo y que producen la orina. Esto arderá un poco por sólo medio minuto mientras entra el líquido.

Si el especialista necesita tomar una muestra de sangre, su hijo puede tener el temor de que lo va a dejar vacío. Debe saber que el cuerpo contiene mucha sangre y que sólo le sacarán poquita para el análisis.

Diga a su hijo que algunos niños piensan que los procedimientos son castigos por mojar la cama, pero que esos niños están muy equivocados: el médico necesita examinar y hacer análisis para encontrar la causa de por qué mojan la cama y tratar de curarlos.

Recopile la información importante para el médico

Una de las cosas más importantes que debe preparar para la visita de su hijo al médico es contar con la información importante. Se aplica para cualquier visita, ya sea con el médico familiar, el pediatra o el especialista. Cada médico necesita saber detalles para hacer un diagnóstico certero.

Es muy fácil confundirse en el consultorio del médico cuando se trata de recordar todos los detalles de su hijo o de la historia médica de la familia o de los síntomas que ha observado en su hijo durante algún tiempo. La información es crucial para llegar al diagnóstico correcto. Lo que debe hacer es sentarse unos días antes de la cita con el médico y escribir dos listas, que puede llamar Historial médico familiar e Historial médico y síntomas de mi hijo. Cuando sea necesario consulte registros médicos que tenga archivados y llame a sus padres y suegros para pedir información.

Haga una lista del historial médico familiar

La lista del historial médico familiar debe contener respuestas a las siguientes preguntas:

√ ¿Usted o su cónyuge, o cualquier familiar cercano (hermanos, hermanas, padres, tíos, tías, abuelos) padecieron de los riñones alguna vez? ¿Cualquier forma de trastorno del tracto urinario? ¿Problemas intestinales?

√ ¿Usted o su cónyuge, o cualquier familiar cercano, mojaron la cama en su infancia?

√ ¿Usted o su cónyuge padecen en la actualidad de algún problema urinario diurno o nocturno?

√   ¿Hay otros niños en la familia que mojen la cama?

√   ¿Usted o su cónyuge, o cualquier familiar cercano padece o padeció diabetes? De ser así, ¿qué tipo de diabetes y a qué edad comenzó? ¿Alergias? ¿Anemia drepanocítica? ¿Trastornos de la tiroides?

Lista del historial médico y síntomas de su hijo

La lista del historial médico y los síntomas de su hijo debe incluir información sobre cualquier experiencia que su hijo pueda estar sufriendo en la actualidad, o que haya sufrido en el pasado; incluya fecha, edad aproximadas y los detalles:

√   ¿Inflamación de los riñones (nefritis)?

√   ¿Infección urinaria?

√   ¿Diabetes (tipo)?

√   ¿Anemia drepanocítica?

√   ¿Trastornos de la tiroides?

√   ¿Alergias? ¿Intolerancia a los alimentos?

√   ¿Parásitos?

√   ¿Estreñimiento o encopresis (más que ocasional)?

√ ¿Inflamación de la zona genital o anal?

√ ¿Hemorroides?

√ ¿Dolor o abdomen blando?

√ ¿Dolor de espalda?

√ ¿Dolor durante la micción o cólico intestinal?

√ ¿Sed excesiva?

√ ¿Fatiga frecuente?

√ ¿Problemas con anginas, adenoides, congestión nasal, respirar por la boca, roncar (que pudieran señalar apnea del sueño)?

√ ¿Sonambulismo, hablar dormido, pesadillas, temor nocturno?

√ ¿Sueño demasiado pesado?

Asimismo, mencione todos los padecimientos y condiciones anteriores y presentes, lesiones, cirugías y hospitalizaciones, junto con la fecha aproximada (o la edad de su hijo) para cada una.

Incluya otros síntomas o cosas inusuales que haya notado en su hijo, sin importar que no parezcan estar relacionadas con la enuresis nocturna.

La lista debe responder a las siguientes preguntas:

√   ¿Mi hijo ha mojado la cama desde su nacimiento (enuresis primaria) o tuvo un período de cama seca (seis meses o más) antes de mojar la cama (enuresis secundaria)?

√   ¿Tiene mi hijo síntomas urinarios diurnos: frecuencia urinaria (suficiente para molestar en el salón de clases o durante un viaje)? ¿Urgencia (correr al baño)? ¿Ropa interior manchada o mojada? ¿Se oprime la zona genital? ¿Baila? ¿Se sienta sobre sus talones (en caso de una niña)? ¿Aprieta las piernas?

√   ¿Cuántas veces durante la noche moja la cama? ¿Cuántas veces a la semana?

√   En las noches que no moja la cama, ¿su hijo se levanta una o más veces para ir al baño?

√   ¿Mancha sus pantalones de heces?

√   ¿Bebe por lo general mucha agua durante el día?

√   ¿Ronca en las noches?

Si empezó a mojar la cama después de seis meses o más, ¿fue la enuresis precedida por un evento estresante como entrar a la escuela? ¿La llegada de un hermanito? ¿Una hospitalización? ¿Un divorcio o la muerte de un familiar? ¿La separación del hogar y/o familia?

La razón por la que debe empezar a hacer esta lista varios días antes de la visita al médico es que tiene que responder a preguntas como éstas:

√   ¿Cuántas veces orina mi hijo durante el día?

√   ¿Cómo es su orina (Use una taza de medir ordinaria)? ¿La orina tiene un color definido o es casi incolora?

√   Para un niño, ¿la corriente urinaria sale con fuerza o poco a poco? ¿Sale como rocío, se detiene y continúa? ¿Salpica el piso o la taza del baño? ¿Forma un óvalo con un centro delgado o sale en forma de chorro recto?

√   Para una niña ¿Presenta irritación o inflamación en la zona de la vulva? ¿Se queja de dolor, molestia, comezón o ardor en esa zona?

√   ¿Presenta mi hijo irritación o inflamación en la zona anal?

Si el médico no le pregunta nada de esto, menciónelo de cualquier manera. Saque copias de su lista y entregue una a su médico. Guarde una copia para su propio registro y otra para usarla con otros médicos.

Preparación para ingresar al hospital y la cirugía

Las cosas son diferentes en la actualidad

Al igual que muchos padres de familia, quizá haya escuchado historias sobre las terribles experiencias infantiles en un hospital, o quizá haya sufrido usted mismo una mala experiencia. Tal vez ahora tenga miedo de que su hijo sufra de modo similar.

Las condiciones que propiciaban esas malas experiencias ya no existen en la mayoría de los hospitales. Primero, muchos de los procedimientos quirúrgicos que solían mantener a un niño algunas o muchas noches en el hospital ahora son procedimientos ambulatorios (entrar y salir el mismo día) sin pasar noches internado, excepto en casos muy difíciles o complicados. Los procedimientos urológicos descritos en el capítulo anterior casi siempre son ambulatorios. El niño llega por la mañana, se somete a las pruebas y/o la cirugía y permanece en el hospital tres o cuatro horas adicionales. Luego regresa a su propia cama, en su hogar, el mismo día.

Segundo, la mayoría de los hospitales en la actualidad le permiten permanecer con su hijo en todo momento, excepto durante la cirugía. Usted puede acompañar a su hijo hasta la sala de operaciones y esperar hasta que le apliquen la anestesia y después puede acompañarlo cuando empiece a despertar en la sala de recuperación. Su hijo ni siquiera se dará cuenta de que se alejó de su lado.

Incluso si su hijo se encuentra con un problema muy raro que obligue a permanecer por más de un día, casi todos los hospitales ahora permiten que usted permanezca a su lado las 24 horas del día. (Le proporcionarán una cama plegable al lado de su hijo.) Le permitirán participar en muchos cuidados de su hijo. Los hospitales ahora reconocen que estas medidas aceleran la recuperación.

La satisfacción de las necesidades de su hijo y de las suyas están muy distantes de los tiempos de nuestros padres y abuelos, cuando las estancias hospitalarias eran prolongadas, los niños estaban confinados en su cama y se prohibía a los padres quedarse con sus hijos o incluso visitarlos más de una vez a la semana durante dos horas. También estamos a un buen trecho de diferencia de su propia juventud, cuando muchos hospitales no permitían que los padres acompañaran a sus hijos en el proceso de la anestesia, ni que permanecieran en el hospital toda la noche.

Tercero, en años recientes se han logrado enormes avances en el campo de la anestesia, en la manera en que se administra y monitorea.

Hoy, la anestesia es muy segura, el monitoreo es asistido por tecnología de punta y los anestesiólogos están capacitados para trabajar con niños. (Aprenderá más acerca de la seguridad de la anestesia más adelante, en este capítulo.)

Elección de un hospital, un especialista y un anestesiólogo

Es probable que sepa que el hospital y el especialista vienen en una especie de paquete. El especialista está afiliado a un hospital en particular o tiene privilegios de operación en uno o varios hospitales. Por lo tanto, si su pediatra solicita que su hijo sea examinado por un especialista y si existe la posibilidad de que éste tenga que realizar pruebas o dar tratamiento, quizá desee elegir primero el hospital.

Jane Brody del *New York Times*, al escribir acerca de las estancias prolongadas, sugiere (como muchas otras fuentes) que los padres seleccionen un hospital que permita lo siguiente:

√   Que un padre acompañe al niño hasta la sala de operaciones y durante la inducción de la anestesia, hasta que haga efecto.

√   Estancia nocturna para por lo menos uno de los padres en la habitación del niño.

√   Horas de visita ilimitadas para padres y hermanos.

√   La participación de los padres en el cuidado del niño (incluyendo masajes, baños, alimentación y juegos).

√   Respuestas respetuosas y francas a las preocupaciones de los padres (sin tono ofensivo).

Si el procedimiento de su hijo sólo requiere estancia ambulatoria, de cualquier manera deseará asegurarse de que el hospital que seleccione atienda sus preocupaciones con respeto, le ofrezca una sesión de orientación bien diseñada antes del día de la cirugía y le permita permanecer con su hijo todo el tiempo, excepto durante la operación.

Una vez que elija el mejor hospital, puede pedir al pediatra de su hijo que le recomiende un especialista con privilegios en ese hospital. Por ejemplo, si busca un urólogo, pida al pediatra que le recomiende uno que evite las pruebas que describí en el capítulo 9 y tenga experiencia considerable e interés en trabajar con niños con enuresis. (No todos los urólogos tienen esta experiencia o interés.)

También puede llamar por teléfono al hospital que seleccionó y pedir información y recomendaciones. Haga las mismas preguntas que hizo al pediatra. Si la persona que le contesta no puede ayudarle, pida hablar con el jefe del departamento. Debe ser persistente. De igual manera, no tema preguntar si los médicos recomendados tienen prestigio en el hospital.

Desde luego, quizá prefiera abordar este proceso a la inversa: encontrar primero al especialista más apropiado y después buscar el hospital u hospitales en los que el especialista trabaje. De cualquier forma, sería mejor investigar tanto al especialista como al hospital antes de hacer la cita para el examen de su hijo.

Recibirá los nombres de varios especialistas y, si tiene alguna duda, considere ponerse en contacto con la asociación médica o la instancia encargada de regular a los médicos en su estado. Pida a la asociación la información más reciente sobre el estado actual de la licencia del médico. Esto no le asegura encontrar al mejor médico, pero puede ayudarle a evitar a un médico cuya licencia este sujeta a algún proceso, suspensión o revocación. (En todos los estados, un número sorprendente de médicos continúan ejerciendo, algunos legalmente, sin importar las acciones disciplinarias que se hayan emitido en su contra.)

Finalmente usted elige a un especialista y se presenta a la cita para que examine a su hijo. Lleva copias de las listas de historiales médicos y de síntomas. Es mejor que haya preguntado por anticipado, pero si no lo ha hecho, recuerde preguntar sobre los procedimientos del examen que el médico piensa realizar y sus razones para hacerlo. Si el especialista es un urólogo, puede hablar con él sobre los procedimientos que aprendió en el capítulo 9 de este libro (lleve el libro con usted). Un médico flexible atenderá sus preocupaciones y hará ajustes. Si pensaba realizar una prueba indeseable (como la urodinámica, poco práctica para medir la presión de la vejiga), será mejor que busque otro urólogo.

Es importante contar con un especialista a quien le tenga confianza. Supongamos que lo ha encontrado, y después de examinar a su hijo y consultarlo a usted, programa a su hijo para realizar unas pruebas y/o cirugía en el hospital.

Es el momento oportuno para pedir su opinión al médico sobre el anestesiólogo del hospital, el que tenga la mejor actitud con los niños de la edad y personalidad del suyo, y si se pude solicitar a dicho anestesiólogo. Todos los anestesiólogos son diferentes, incluso aquellos que trabajan de modo consuetudinario con niños. Debe haber buena química. Quizá el especialista puede ayudarle a solicitar el más adecuado. (De cualquier manera, no pasa nada con preguntar.)

Prepare a su hijo para la experiencia en el hospital

Después de fijar la fecha, debe empezar por reunir libros adecuados (y quizá un video) en el hospital, la biblioteca, la librería o de organizaciones asistenciales. (Consulte en el Apéndice A la información sobre la Association for the Care of Children's Health y las listas de libros y videos apropiados.) Existen libros informativos escritos de forma sencilla sobre lo que espera en un hospital para todas las edades: infantes, escolares, adolescentes y padres. Si su hijo es pequeño, también puede comprarle un estuche de médico de juguete que puede usar para atender a un animalito de peluche o a la muñeca de su elección. (No sugiera que use su favorito, puede causarle ansiedad.)

Lea uno de los libros a su hijo cada día (de preferencia antes de dormir) y hable con él conforme lee. Si su hijo es adolescente, proporciónele libros adecuados para su edad. Pregunte si tiene alguna duda, durante la lectura y después. Si no sabe la respuesta a alguna pregunta, dígale que no sabe pero que le preguntará al médico y se lo dirá más tarde. Esto le hará saber que no está usted evadiendo la pregunta para ocultar algo que lo atemorice.

Hable sobre la experiencia hospitalaria que se avecina. Una vez más, sobre la enuresis, y alivie los sentimientos de culpa de su hijo. El psiquiatra infantil John E. Meeks advierte en *Hospital Medicine,* que los niños menores ven todas las desventuras que les suceden como resultado de sus propias acciones. Para ilustrarlo, describe un estudio de niños que *nacieron con* discapacidades ortopédicas. Cuando se les preguntó qué había causado su discapacidad, la gran mayoría de estos niños culpó a su desobediencia.

Al trabajar con pacientes urológicos hospitalizados un poco mayores, la psiquiatra pediátrica Leah Beck y sus colaboradores descubrieron que los niños en edad escolar, de diez años o mayores, creían

187

que su enfermedad y hospitalizaciones eran castigo por ser malos. Explique a su hijo en términos que él no pueda malinterpretar con facilidad que los médicos han encontrado algo que puede estar causando que moje la cama, y van a tratar de arreglarlo en el hospital. Ellos creen que pueden evitar que siga mojando la cama. Nada de esto ha sido ocasionado por algo que haya hecho o dicho.

Meeks, así como Squires (y muchos otros), también observan que el gran temor de los niños menores de seis años es que puedan ser abandonados por sus padres (u otra persona cercana a ellos). Prométale a su hijo que usted o su cónyuge estarán cerca de él en el hospital en todo momento; quizá desee llevar su juguete o peluche favorito.

Meeks y Squires dicen que (respecto al cuidado de la salud) el dolor, la mutilación, las agujas (inyecciones) y el bisturí producen temores en los niños, en especial de seis y doce años. El anestesiólogo Aarón L. Zuckerberg señala que esto es verdad, en especial en varones cuya cirugía es en el pene.

Así que si su hijo pregunta, ¿me dolerá?, hable sobre sus temores. Coméntele que el médico le dará una medicina especial llamada anestesia, la cual lo hará dormir profundamente durante la operación y evitará que sienta dolor. Pero dígale la verdad, que sentirá un poco de dolor cuando despierte después de la operación, pero que puede pedir medicina que aliviará el dolor y que un médico o una enfermera se la dará. Que todas sus partes estarán ahí cuando despierte y que la única diferencia será que funcionarán mejor que antes.

Use palabras que no suenen amenazadoras para describir las cosas. Por ejemplo, no diga que el médico le cortará o le abrirá o le hará un agujero. Dígale que el médico hará un pequeño agujerito o arreglará algo que necesita ser arreglado. Tampoco le diga que el anestesiólogo lo pondrá a dormir o que le dará gas. Su hijo quizá haya oído algo sobre una mascota que durmieron y nunca despertó; puede confundir gas con gasolina o con el gas peligroso de la estufa de la cocina. De nuevo, hágale saber que el médico le dará una medicina especial que lo hará dormir profundamente hasta que termine la operación y que entonces despertará.

De acuerdo con Meeks, así como con el anestesiólogo Terry McGraw, los temores de los adolescentes al hospital y la cirugía son muy diferentes los de los niños pequeños. El adolescente teme perder su rostro, su carácter (por expresar sentimientos de ansiedad, temor o dolor) y parecer niño. Lo que más temen es la anestesia; les preocupa despertar durante la operación, no después de ella, y morir.

Por lo tanto, necesita brindarle confianza de que no despertará durante la operación y que no morirá, ya que la anestesia actual es muy segura. Cuanto más información reciba al respecto, mejor podrá sobrellevar el asunto. Anímelo a que lea sobre el asunto para que luego le informe a usted y le explique a la familia. Meeks dice que tomarlo por el lado intelectual, en este caso hablar de una ansiedad hasta el cansancio, es una táctica de defensa adecuada para los adolescentes.

Asista con su hijo al programa de orientación del hospital y al recorrido preoperatorio. Si su hijo es pequeño, dígale un día antes de la fecha programada para la sesión de orientación que ambos, usted y él, irán a ver el hospital y a jugar ahí un rato para que sepa cómo es. Si su hijo es mayor, hágale saber que es un buen lugar para hacer preguntas y recibir respuestas a cualquier duda que pueda tener en mente.

Despeje sus temores sobre la anestesia

Muchos padres temen por la seguridad de sus hijos que serán sometidos a anestesia; que puedan sufrir efectos físicos o que puedan morir. Hace años estos temores eran justificados, pero en la actualidad muy poco hay que temer. Los expertos consideran que la anestesia es segura. La investigadora Marsha Cohen dió seguimiento a más de cien mil pacientes de todas las edades, que recibieron anestesia en el hospital más importante de Winnipeg (Canadá), entre 1975 y 1984. Encontraron que la anestesia no suma riesgos a la cirugía, la edad avanzada o las condiciones físicas y médicas del paciente. Y, de acuerdo con *The New York Times*, un estudio británico publicado en 1988 encontró que la taza de mortandad debida a la anestesia era de 1 en 185 mil personas.

De acuerdo con los expertos, las oportunidades de fallecer en un accidente automovilístico camino al hospital es mucho mayor que las de morir por la anestesia.

En años recientes, se ha avanzado en gran medida en el campo la anestesia. En un artículo publicado en *The Clinical Forum for Nurse Anesthesists*, el anestesiólogo William Clayton Petty siguió la evolución de la seguridad en la anestesia, incluyendo el desarrollo y uso de gas, del microprocesador en el desarrollo de tecnología de monitoreo mejorada (como los monitores automáticos de presión arterial, los oxímetros que determinan de modo fotoeléctrico la cantidad de oxígeno en la sangre y el equipo de capnografía que mide de forma constante la cantidad de bióxido de carbono en el aire que se expira) y en el desarrollo de normas y leyes mucho más eficientes para practicar la anestesiología.

A pesar de cualquier afirmación, no existen garantías. Ningún fármaco o procedimiento es seguro en 100 % de los pacientes. Las oportunidades de que el hijo de uno muera por la anestesia son muy remotas, pero otros tipos de complicaciones son posibles. Un problema relacionado con la anestesia puede ocurrir durante la inducción, la operación o la recuperación.

G. Edward Morgan Jr. y Maged S. Mikhail dicen en su libro, *Clinical Anesthesiology* que es importante que los niños estén libres de gripe u otras infecciones virales durante por lo menos dos a cuatro semanas antes de la anestesia general. (Si su hijo ha sufrido de alguna infección viral de las vías aéreas superiores en las cuatro semanas anteriores a la fecha programada, dígaselo al cirujano. Quizá desee posponer el procedimiento por seguridad.) Por otro lado, se puede lidiar con las condiciones alérgicas de las vías superiores. Hágalas del conocimiento del anestesiólogo.

En una complicación por anestesia, de acuerdo con Morgan y Mikhail (y otros expertos), algunos niños experimentan un espasmo de la laringe (cierre de la laringe y obstrucción del aire a los pulmones) durante la aplicación o hacia el final de la anestesia; sin embargo, el anestesiólogo puede corregir con facilidad este problema.

Una complicación de la anestesia que es muy rara (ocurre sólo en uno de cada quince mil niños), es un estado metabólico agudo hiperactivo en el tejido muscular, el cual da como resultado una severa rigidez muscular y algunas veces fiebre alta. Este problema ocurre después de la inducción de la anestesia y, como describieron Morgan y Mikhail, requiere tratamiento rápido y complicado, administrado por un anestesiólogo muy experimentado.

No obstante, los problemas más comunes relacionados con la anestesia son secuelas menores. Al despertar, ciertos niños sienten náuseas y algunos vomitan. La náusea, por lo general, cede por sí sola, o el personal puede administrar algún medicamento en dosis pediátricas para contrarrestarla. Algunas veces el niño despierta en la sala de recuperación y empieza a asfixiarse por las secreciones de la faringe (conducto cubierto de membrana mucosa por donde pasan el aire y el alimento).

El personal de la sala de recuperación (algunas veces auxiliados por el padre) mantiene acostado de lado a dicho niño, de manera que las secreciones fluyan libremente.

Si el material de esta sección no ha respondido a todas sus dudas y preocupaciones, haga sus preguntas durante la orientación (cuando su hijo explore la otra habitación). Si necesita más respuestas, siéntase libre de llamar al especialista o al anestesiólogo que esté asignado a la cirugía de su hijo.

Cirugía

El día en el hospital

La mañana de la fecha programada para la cirugía de su hijo (que para nuestros propósitos será ambulatoria), llevará a su hijo (con su juguete favorito) a la sala de espera de la unidad del hospital. Debe ir en ayunas, o sea sin haber consumido alimentos ni bebidas, porque la anestesia se debe administrar con el estómago vacío.

Es probable que conozca a una enfermera o a un miembro del personal, especialista en cuidado infantil. Esta persona le brindará asistencia a usted y a su hijo, le dará apoyo y le ayudará a superar el momento.

Quizá desee recordar al anestesiólogo sobre cualquier trastorno nasal u otros problemas respiratorios que su hijo pueda tener (como alergias, asma, escurrimiento nasal, respiración por la boca o apnea del sueño).

El anestesiólogo iniciará una conversación con su hijo. Es probable que su hijo no reciba ningún medicamento previo. Para la mayoría de las cirugías ambulatorias, los anestesiólogos ya no necesitan administrar un medicamento para calmar a los niños antes de la anestesia. La presencia del padre por lo general es suficiente. (Esta es una buena noticia, porque la administración previa de un calmante, provoca que la anestesia se lleve más tiempo. De igual manera, es mejor que se le administren menos fármacos.)

Si su hijo es pequeño, quizá el anestesiólogo le cuente un cuento o juegue con él mientras le administra anestesia en el rostro hasta que se duerma. Si su hijo es mayor, es posible que el anestesiólogo le permita elegir el método de inducción: la mascarilla o la inyección intravenosa. Aunque el gas anestésico, administrado con mascarilla, es el método usado con más frecuencia, un niño mayor puede preferir la anestesia intravenosa. (Una crema anestésica especial, llamada EMLA, aplicada a la piel puede hacer que el método intravenoso sea indoloro. Sin embargo, se debe aplicar una hora antes de la anestesia, así que si su hijo prefiere este método, debe solicitarlo con anticipación.) Si se usa la mascarilla, es probable que sea transparente (en lugar de las negras antiguas) y que su hijo pueda elegir entre una variedad de aromas (como naranja, menta, etc.) que se pueden aplicar dentro de la máscara. Si su hijo asistió a la sesión de orientación, quizá pueda ponerse la mascarilla él mismo.

Cuando su hijo se duerma, usted se retirará a la sala de espera. Después de la cirugía, el personal de la sala de recuperación cuidará a su hijo hasta que empiece a pasar el efecto de la anestesia; entonces le llamarán a usted (o a su cónyuge) cuando su hijo empiece a despertar.

En la misma medida en que es importante que un padre acompañe a su hijo durante la aplicación de la anestesia, es importante (como lo han informado muchos investigadores) que su hijo se sienta acompañado cuando despierte. La cara del padre es lo único que necesita ver primero. En la sala de recuperación usted permanecerá con su hijo, para confortarlo y participar en su cuidado, hasta que el médico juzgue que pueda partir. Entonces le ayudará a vestirse y se lo llevará a casa.

El período de recuperación

Como la mayoría de los procedimientos quirúrgicos infantiles son ambulatorios, la recuperación transcurre en casa.

Como padre, usted necesita tomar en cuenta el período de recuperación y reposo cuando planee la cirugía. Si el problema puede esperar, quizá quiera programarla para las vacaciones del verano de su hijo o para las vacaciones de usted.

¿Qué puede esperar durante el período de recuperación?

Supongamos que su hijo fue sometido a un procedimiento urológico para eliminar una pequeña obstrucción en la uretra. Cuando llegue a casa, quizá observe micciones frecuentes durante un tiempo. Si el problema ha sido corregido por completo, quizá no tenga molestias, pero quizá tenga algunas cuando orine. Esta molestia postoperatoria temporal puede aliviarse por lo general con Tylenol pediátrico (consulte a su médico).

Sin embargo, en el caso de que la obstrucción u obstrucciones no se hayan eliminado por completo, puede tener muchas molestias o inclso dolor. Si su hijo sufre molestias persistentes al orinar, al grado de que no quiera hacerlo, y si el problema persiste por cinco días o más, es probable que las obliteraciones no hayan sido completamente eliminadas. Dígale al urólogo los síntomas de su hijo. Si sospecha de una infección en las vías urinarias, tal vez le prescriba un antibiótico. Si eso no ayuda, debe volver a investigar.

Regresemos a la situación en que la recuperación se desarrolla de forma normal. Cuando su hijo llegue a casa, sus actividades se deben restringir durante la primera semana. No puede ir a la escuela, no puede levantar cosas, estirarse, saltar, correr o luchar. Al final de la semana, el urólogo lo examinará y le recomendará ciertas actividades. Si su hijo aún presenta molestias o frecuencia urinaria, o si presenta rastros de sangre, el urólogo restringirá toda actividad, hasta que los síntomas desaparezcan o la orina sea clara. Estas restricciones rara vez necesitan más de tres semanas.

Resultados

En un mes, los síntomas diurnos de su hijo de frecuencia y urgencia urinaria deben desaparecer. En cuatro meses, la enuresis nocturna debe desaparecer. A su hijo le habrá quitado un gran peso de encima. Para la familia, la vida será más tranquila.

En algunos casos, los síntomas diurnos desparecerán, pero la enuresis nocturna persistirá si el niño tiene el sueño pesado. Si éste es el caso, pruebe la alarma de enuresis o el sistema de vibraciones descrito en el capítulo 3. Aunque no haya funcionado antes de la corrección quirúrgica de las anormalidades, es probable que solucione la enuresis ahora.

Nota para el lector

Como despedida, espero que este libro le haya ayudado a usted, padre de familia, a entender las muchas causas de la enuresis nocturna, a fortalecer su apoyo al hijo que la padece, a navegar a salvo por el sistema de cuidado de la salud y a descubrir la cura para la enuresis nocturna de su hijo. ¡Le deseo lo mejor!

Apéndice A
Libros y videos que le ayudarán a preparar a su hijo para asistir a las consultas o ingresar en el hospital

Publicaciones y videos de la ACCH

Durante las últimas tres décadas, la Association for the Care of Children's Health (ACCH, Asociación para la atención médica infantil), ha presionado para que se humanice la atención infantil. Podemos agradecer a la ACCH por las prácticas hospitalarias actuales, como por los programas de orientación y recorridos que dirigen profesionales a padres de familia que acompañan a sus hijos durante la aplicación de la anestesia, en la sala de recuperación, en el curso de la noche, y en toda su estancia en el hospital; además en la ampliación del horario de visitas para los demás familiares. La ACCH también cuenta con libros, folletos y videos útiles y actualizados sobre los problemas de salud y la atención médica para los niños. Quizá le interese en especial adquirir algunos de estos títulos:

For Children: Visiting the Hospital, 1996 (20 páginas).
For Teenagers: Visiting the Hospital, 1996 (20 páginas).
Going to the Hospital, 1986 (20 páginas).
A Pediatric Bill of Rights, 1991 (12 páginas).

The Moon Balloon, de Joan Drescher. Un libro para ayudar a que los niños expresen sus sentimientos de manera honesta y abierta (36 páginas).

For Parents and Caregivers: Your Child in the Hospital, 1996 (20 páginas).

Clearing the Air: A Parent's Guide to the Operating Room (video: Nickel's Worth Productions).

Envíe su solicitud a la asociación:
7910 Woodmont Avenue, Suite 300
Bethesda, MD 20814.

Libros y videos en librerías y bibliotecas

The Berenstain Bears Go to the Doctor, de Stan y Jan Berebstain. Nueva York, Random House, 1981 (preescolar hasta primer grado).

Going to the Doctor, de Fred Rogers (*de Mr. Roger's Neighborhood*). Nueva York, G.P. Putman's Sons, 1988 (preescolar hasta primer grado).

Going to the Doctor, de T. Berry Brazelton. Reading, Mass., Addison-Wesley, 1996 (primaria).

Curious George Goes to the Hospital, de Margret y H.A. Rey. Boston, Houghton-Mifflin, 1966 (preescolar).

Going to the Hospital, de Anne Civardi y Stephen Cartwright. Tulsa, Okla., EDC Publishing, 1986 (preescolar hasta segundo grado).

Going to the Hospital, de Fred Rogers (de *Mr. Rogers' Neighborhood*). Nueva York, G.P. Putnam's Sons, 1988 (preescolar hasta tercer grado).

A Visit to the Sesame Street Hospital (con los Muppets de Jim Henson) de Deborah Hautzig. Nueva York, Random House/Children's Television Workshop, 1985 (preescolar hasta tercer grado).

Why Am I Going to the Hospital?, de Claire Ciliotta y Carole Livingston. Nueva York, Lyle Stuart, 1992 (de primero a cuarto grados).

The Hospital Book, de James Howe. Nueva York, Morrow Junior Books, 1994 (de tercero a sexto grados).

Things to Know Before You Go to the Hospital, de Lisa Ann Marsoli. Morristown, N.J., Silver Burdett, 1984 (de tercero a sexto grados).

Coping with a Hospital Stay, de Sharon Carter y Judy Monnig. Nueva York, Rosen Publising Group, 1987 (secundaria y preparatoria).

Sesame Street Home Video Visits the Hospital (video). Nueva York, Children's Television Workshop, 1990.

Mickey Visits the Hospital (cortometraje). Disney Educational Productions, 1988.

Apéndice B
Bibliografía

Abe, K., *et al.* "Twin Study on Night Terrors, Fears, and Some Psychological and Behavioural Characteristics in Childhood". *Psychiatric Genetics*, vol. 3, no. 1, págs. 39-43, 1993.

Aberle, B., y P. Krepler. "Significance of Uroflometry in Children". *Urologe*, vol. 18, no. 5, págs. 289-295, septiembre-octubre 1969.

Adams, Samuel S. "Incontinence of Urine in Children". *American Journal of Obstetrics*, vol. 17, págs. 657-671, 1984.

American Journal of Health-System Pharmacy. "Frequency of Sickle Cell Crises Cut by Hydroxyurea Use". AJHSP, vol. 52, no. 8, pág. 778, 15 de abril de 1995.

Anders, Thomas F., y Ellen D. Freeman. "Enuresis" (capítulo 28). En ed. de Joseph D. Noshpitz, *Basic Handbook of Child Psychiatry*, vol. 2, Nueva York, Basic Books, 1979.

Anónimo. "DDAVP Information Sheet and Prescribing Information". Rorer Pharmaceutical Corp., 1995.

Anónimo. *PACTS: Parents Assisting Children to Sleep* (folleto). Morristown, N.J., Morristown Memorial Hospital, n.d.

Anónimo. *Shaping the Future of Children's Health Care.* Bethesda, Md., Association for the Care of Children's Health, 1990.

Arena, M.G., *et al.* "Enuresis Risoria: Evaluation and Management". *Functional Neurology,* vol. 2, no. 4, octubre-diciembre 1987.

Arnold, J.H. "Cystometry and Enuresis". *Journal of Urology,* vol. 96, pág. 194, 1966.

Arnold, Samuel J. "Consequences of Childhood Urethral Disease". *Postgraduate Medicine,* vol. 43, págs. 193-198, marzo de 1968.

Arnold, Samuel J. "Detrusor Instability in Primary Enuresis" (carta). *Urology,* vol. 42, no. 2, págs. 225-226, agosto de 1993.

Arnold, Samuel J. "Disturbed Urinary Flow: Urethral Dynamics" (carta). *Journal of the American Medical Association,* vol. 204, no. 4, págs. 128-129, 24 de julio de 1967.

Arnold, Samuel J. "Enuresis". *American Journal of Diseases of Children,* vol. 123, no. 1, pág. 84, enero de 1972.

Arnold, Samuel J. "Enuresis" (carta) *Urology,* vol. 1, no. 3, pág. 270, marzo de 1973.

Arnold, Samuel J. "Enuresis, a Reappraisal". *Medical Tribune*, 26 de julio de 1970.

Arnold, Samuel J. "Enuresis: Treatment with Imipramine" (carta). *Journal of the American Medical Association*, vol. 228, no. 3, págs. 289-290, 15 de abril de 1974.

Arnold, Samuel J. "Genitourinary Disease Rate with Enuresis Noted" (Actualidades Médicas). *Journal of the American Medical Association*, vol. 193, pág. 354, 1965.

Arnold, Samuel J. "His and Hers" (carta). *New York Times Magazine*, pág. 91, 9 de marzo de 1975.

Arnold, Samuel J. "Organic Causes Underlie Childhood Bedwetting" (Actualidades Médicas). *Journal of the American Medical Association*, vol. 209, pág. 193, 1969.

Arnold, Samuel J. "Problems in Treatment of Enuresis" (carta). *Journal of the American Medical Association*, vol. 194, no. 11, pág. 200, 12 de diciembre de 1965.

Arnold, Samuel J. "Stenotic Meatus in Children: An Analysis of 160 Cases". *Journal of Urology*, vol. 91, no. 4, págs. 357-360, abril de 1964.

Arnold, Samuel J. "Unrecognized Congenital Posterior Urethral 'Minivalves' in Men". *Urology*, vol. 41, no. 6, págs. 554-556, junio de 1993.

Arnold, Samuel J. y Roger Berg. "Conscious Dynamic Versus Unconscious Static Cystourethrography". *Journal of Urology*, vol. 118, no. 6, págs. 1030-1034, diciembre de 1977.

Arnold, Samuel J., y Arthur Ginsburg. "Charged Gold Leaf in Urology: 1. Urethral Meatotomy". *Journal of Urology*, vol. 96, no. 6, págs. 925-927, diciembre de 1966.

Arnold, Samuel J. y Arthur Ginsburg. "Enuresis" (carta). *Mayo Clinic Proceedings*, vol. 55, no. 9, págs. 586-587, septiembre de 1980.

Arnold, Samuel J. y Arthur Ginsburg. "Enuresis: Incidence and Pertinence of Genitourinary Disease in Healthy Enuretic Children". *Urology*, vol. 2, no. 4, págs. 437-443, octubre de 1973.

Arnold, Samuel J. y Arthur Ginsburg. "Is Bedwetting Psychological?" (carta). *Lancet*, vol. 1, no. 8065, pág. 658, 25 de marzo de 1978.

Arnold, Samuel J., y Arthur Ginsburg. "Pearls of Gold: Meatotomy, Circumcision, Urethrohymeneal Folds, Vasectomy, Peyronie's Disease" (carta). *Urology*, vol. 16, no. 6, págs. 661-662, diciembre de 1980.

Arnold, Samuel J., y Arthur Ginsburg. "Radiographic and Photoendoscopic Studies of Posterior Urethral Valves in Enuretic Boys". *Urology*, vol. 4, no. 2, págs. 145-154, agosto de 1974.

Arnold, Samuel J., y Arthur Ginsburg. "Understanding and Managing Enuresis in Children". *Postgraduate Medicine*, vol. 58, no. 6, págs. 73-82, noviembre de 1975.

Arnold, Samuel J., y David L. Taylor. "Re: Urodynamic Studies in Enuresis and the Nonneurogenic Neurogenic Bladder" (carta). *Journal of Urology*, vol. 134, no. 1, pág. 154, julio de 1985.

Arnold, Samuel J, *et al.* "Photo Studies of Urethral Varices. Hemorrhoids: A Forgotten Lesion". *Urology*, vol. 11, no. 1, págs. 19-27, enero de 1978.

Arnold, Samuel J, *et al.* "Prostatic Secretion and Urethral Flow: New Concepts and Preliminary Data". *Urology*, vol. 4, no. 4, págs. 67-72, octubre de 1974.

Arnold, Samuel, *et al.* "Radiographic Criteria of Meatal and Distal Urethral Stenosis". *Urology*, vol. 1, no. 5, págs. 397-404, mayo de 1973.

Avigne, Gail, y Tammy L. Phillips. "Pediatric Preoperative Tours". *AORN Journal*, vol. 53, no. 6, págs. 1458-1466, junio de 1991.

Bacopoulus, Christos, et al. "Primary Nocturnal Enuresis in Children with Vesicoureteral Reflux". *British Medical Journal, Clinical Research Edition*, vol. 294, no. 6573, págs. 678-679, 1987.

Bakwin, Harry, y Ruth M Bakwin. *Clinical Management of Behavior Disorders in Children*, 2a. ed. Filadelfia, W.B. Saunders Co., 1960.

Barwin, Henry. "Enuresis in Children". *Journal of Pediatrics*, vol. 58, no. 6, págs. 806-819, junio de 1961.

Bakwin, Henry. "Enuresis in Twins". *American Journal of Diseases of Children*, vol. 121, no. 3, págs. 222-225, marzo de 1971.

Ballenger, Edgar D., *et al.* "Neglected Affections and Lesions of the Deep Urethra". *The American Journal of Surgery*, vol. 25, no. 2, págs. 201-210, agosto de 1934.

Bamford, M.F.M., y G. Cruickshank. "Dangers of Intranasal Desmopressin for Nocturnal Enuresis" (carta). *Journal of the Royal College of General Practitioners*, págs. 345-346, agosto de 1989.

Bass, Lee W. "Pollakiuria, Extraordinary Daytime Urinary Frequency: Experience in a Pediatric Practice". *Pediatrics*, vol. 87, no. 5, págs. 735-737, mayo de 1991.

Beck, Leah, *et al.* "On a Children's Urology Service". *Social Work in Health Care*, vol. 4, no. 3, págs. 275-285, primavera de 1979.

Best, Charles H., y Norman B. Taylor. *The Physiological Basis of Medical Practice*, 4a. ed. Baltimore, The Williams and Wilkins Co., 1945.

Beuzard, Y. "Perspectives therapeutiques de la drepanocytose". *Revue du Practicien*, vol. 42, no. 15, págs. 1908-1911, octubre de 1992.

Bhatia, M., *et al.* "Attention Deficit Disorder with Hyperactivity Among Paediatric Outpatients". *Journal of Child Psychology and Psychiatry*, vol. 32, págs. 297-306, 1991.

Biederman, Joseph, *et al.* "Clinical Correlates of Enuresis in ADHD and Non-ADHD Children". *Journal of Child Psychology and Psychiatry*, vol. 36, no. 5, págs. 865-877, julio de 1995.

Biewald, W., y S.H. Duda. "Surgical Therapy of Congenital Urethral Stenosis in Girls by Meatoplasty". *International Urology and Nephrology*, vol. 19, no. 3, págs. 327-332, 1987.

Bigwood, Catherine. "The Environment Strikes Back". *Harper's Bazaar*, págs. 70-71, junio de 1972.

Birkasova, Marie, *et al.* "Desmopressin in the Management of Nocturnal Enuresis in Children: A Double-Blind Study". *Pediatrics*, vol. 62, no. 6, págs. 970-974, diciembre de 1978.

Bloom, David A. "The American Experience with Desmopressin". *Clinical Pediatrics*, edición especial, págs. 28-31, 1993.

Braithwaite, J. Vernon. "The Child Who Wets the Bed". *General Practitioner*, vol. 3, no. 4, págs. 53-59, abril de 1951.

Bray, George W. "The Allergic Child". *British Journal of Children's Diseases*, vol. 29, no. 337, págs. 1-9, enero de 1932.

Bray, George W. "Enuresis of Allergic Origin". *Archives of Diseases in Childhood*, vol. 6, págs. 251-253, 1931.

Bray, George W., *Recent Advances in Allergy*. Londres, J. and A. Churchill, 1931.

Brocklebank, J. T., y S. R. Meadow. "Cure of Giggle Micturition". *Archives of Diseases in Childhood*, vol. 56, no. 3, págs. 232-234, marzo de 1981.

Brodny, M. Leopold, y Samuel A. Robins. "Enuresis: The Use of Cystourethrography in Diagnosis". *Journal of the American Medical Association*, vol. 126, págs. 1000-1006, 16 de diciembre de 1944.

Brody, Jane E. "A Hospitalization Need Not Traumatize a Child". *The New York Times*, pág. 71, 22 de septiembre de 1982.

Brody, Jane E. "Personal Health: Silence on Fecal Incontinence Is Harmful". *The New York Times*, pág. 72, 29 de enero de 1992.

Broughton, Roger J. "Sleep Disorders: Disorders of Arousal?". *Science*, vol. 159, págs. 1070-1078, 8 de marzo de 1968.

Buck, P., y P. Sauvage. "Les Lesions Organiques de Infant Enuretique". *Journal of Medicine of Strassbourg*, vol. 4, nos. 9-10, págs. 643-648, 1973.

Burkhard, Carl E. "Manifestations of Hypersensitivity in the Genitourinary System". *Urologic and Cutaneous Review*, págs. 290-295, 1951.

Burrows, Edmund H. *Urethral Lesions in Infancy and Childhood Studied with Micturition Cystourethrography*. Springfield, Ill., Charles C Thomas, 1973.

Campbell, Edward W., Jr., y John D. Young, Jr. "Enuresis and Its Relationship to Electroencephalographic Disturbances". *Journal of Urology*, vol. 96, no. 6, págs. 947-949, diciembre de 1966.

Campbell, Meredith F. "A Clinical Study of Persistent Enuresis". *New York State Journal of Medicine*, vol. 34, pág. 190, 1934.

Campbell, Meredith F. "Enuresis". *Archives of Pediatrics*, vol. 54, no. 4, págs. 187-197, abril de 1937.

Campbell, Meredith F. "Enuresis". En ed. de Meredith F. Campbell, *Principles of Urology*. Filadelfia, W. B. Saunders Co., 1957.

Campbell, Meredith F. "Enuresis: Its Urologic Aspects". *Journal of Urology*, vol. 28, no. 3, págs. 255-270, septiembre de 1932.

Carpenter, Richard O. "Disorders of Elimination" (Sec.29.16). En eds. de Frank A. Oski, *et al.*, *Principles and Practice of Pediatrics*, 2a. ed. Filadelfia, J. B. Lippincott Co., 1994.

Charache, S. "Pharmacological Modification of Hemoglobin F Expression in Sickle-Cell Anemia: An Update on Hydroxyurea Studies". *Experientia*, vol. 42, no. 9, págs. 126-132, 15 de febrero de 1993.

Check, William A. "How One Hospital Allays Children's Fears of Surgery". *JAMA*, vol. 242, no. 23, pág. 2526, 7 de diciembre de 1979.

Clark, R. Barkley. "Psychosocial Aspects of Pediatrics & Psychiatric Disorders". Iden William W. Hay, Jr., *et al.*, eds., *Current Pediatric Diagnosis & Treatment*, 12a. ed. Norwalk, Conn., Appleton & Lange, 1995.

Coob, Ben G., *et al.* "Congenital Stricture of the Proximal Urethral Bulb". *Journal of Urology*, vol. 99, no. 5, págs. 629-631, mayo de 1968.

Code, C. F., *et al.* "Histamine in Human Disease". *Mayo Clinic Proceedings*, vol. 39, págs. 715-737, 1964.

Cohen, Marsha M., *et al.* "Does Anesthesia Contribute to Operative Mortality?" *JAMA*, vol. 260, no. 19, págs. 2859-2863, 18 de noviembre de 1988.

Colodny, Arnold H. "Extraordinary Urinary Frequency" (carta) *Pediatrics*, vol. 87, no. 4, pág. 582, abril de 1991 (Con respuesta de J. Zoubek, *et al.*)

Cornil, Carl. *Urethral Obstruction in Boys: Diagnosis and Treatment of Congenital Valves of the Posterior Urethra.* Nueva York, Excerpta Medica/Amerkan Elsevier, 1975.

Crook, William G. "Food Allergy-The Great Masquerader". *Pediatric Clinics of North America*, vol. 22, no. 1, págs. 227-238, febrero de 1975.

Crook, William G., et al. *Hidden Food Allergy: A Common and Often Unrecognized Cause of Chronic Symptoms in Children.* Jackson, Tenn., The Children's Clinic, 1981. También: Scientific Exhibit, 37th Annual Congress of American College of Allergists, Washington, D.C., 5 al 7 de abril de 1981.

Cutler, Charles, *et al.* "Radiographic Findings in Children Surveyed for Enuresis". *Urology*, vol. 11, no. 5, págs. 480-482, mayo de 1978.

Dalton, Richard. "Vegetative Disorders". In Waldo E. Nelson, ed., *Nelson Textbook of Pediatrics*, parte III, 1995. Filadelfia, W. B. Saunders, págs. 79-81.

De Backer, E., y D. L. Williams. "Cineradiology in Enuretic Girls: The Wide Bladder-Neck Syndrome". *British Journal of Urology*, vol. 33, pág. 486, 1961.

Dimson, F. B. "Desmopressin as a Treatment for Enuresis" (carta). *Lancet*, no. 8024, pág. 1260, 11 de junio de 1977.

Dimson, F. B. "DDAVP and Urine Osmolality in Refractory Enuresis". *Archives of Disease in Childhood*, vol. 61, págs. 1104-1107, 1986.

Dische, Sylvia, *et al.* "Childhood Nocturnal Enuresis: Factors Asociated with Outcome of Treatment with an Enuresis Alarm". *Developmental Medicine in Child Neurology* (Londres), vol. 25, págs. 67-80, 1983.

Dittman, K. S., y K. A. Blinn. "Sleep Levels in Enuresis". *American Journal of Psychiatry*, vol. 12, págs. 913-920, 1955.

Djurhuus, Jens C., *et al.* "Monosymptomatic Bedwetting". *Scandinavian Journal of Urology & Nephrology* (suplemento), vol. 141, págs. 7-19, 1992.

Djurhuus, Jens C., *et al.*, eds. *Nocturnal Enuresis: A New Strategy for Treatment Against a Physiological Background.* Karlshamn, Suecia, Lagerblads Tryckeri, 1992, págs. 3-29.

Dollinger, Stephen J. "Lightening Strike Disaster Among Children". *British Journal of Medical Psychology*, vol. 58, págs. 375-383, 1985.

Egger, J., *et al.* "Effect of Diet Treatment on Enuresis in Children with Migraine or Hyperkinetic Behavior". *Clinical Pediatrics*, vol. 31, no. 5, págs. 302-306, mayo de 1992.

Eiberg, Hans, *et al.* "Assignment of Dominant Inherited Nocturnal Enuresis (ENURI) to Chromosome 13". *Nature Genetics*, vol. 10, no. 3, págs. 354-356, julio de 1995.

Eisenstaedt, J. S. "Allergy and Drug Hypersensitivity of the Urinary Tract". *Journal of Urology*, vol. 65, no. 1, págs. 154-159, enero de 1951.

Esperanca, M., y John W. Gerard. "Nocturnal Enuresis: Comparison of the Effect of Imipramine and Dietary Restriction on Bladder Capacity". *Canadian Medical Association Journal*, vol. 101, págs. 65-68, 13 de diciembre de 1969.

Evans, J. H. C., y S. R. Meadow. "Desmopressin for Bedwetting: Length of Treatment, Vasopressin Secretion, and Response". *Archives of Disease in Childhood*, vol. 67, págs. 184-188, 1992.

Feehan, M., *et al.* "A 6-Year Follow-Up of Childhood Enuresis: Prevalence in Adolescence and Consequences for Mental Health". *Journal of Paediatrics and Child Health*, vol. 26, págs. 75-79, 1990.

Fergusson, David M., y L. John Horwood. "Nocturnal Enuresis and Behavioral Problems in Adolescence: A 15-Year Longitudinal Study". *Pediatrics*, vol. 94, no. 5, págs. 662-668, noviembre de 1994.

Fergusson, David M., *et al.* "Secondary Enuresis in a Birth Cohort of New Zealand Children". *Paediatric and Perinatal Epidemiology*, vol. 4, 1990.

Ferster, A., *et al.* "Bone Marrow Transplantation for Severe Sickle-Cell Anemia". *British Journal of Haematology*, vol. 80, no. 1, págs. 102-105, enero de 1992.

Figueroa, T. Ernesto, *et al.* "Enuresis in Sickle-Cell Disease". *Journal of Urology*, vol. 153, no. 6, págs. 1987-1989, junio de 1995.

Fisher, O. D., y Forsythe, W. I. "Micturating Cystourethrography in the Investigation of Enuresis". *Archives of Disease in Childhood*, vol. 29, págs. 460-471, 1954.

Fitzwater, Douglas, y Macknin, Michael. "Risk-Benefit Ratio in Enuresis Therapy" (editorial). *Clinical Pediatrics*, págs. 308-310, mayo de 1992.

Fjellestad-Paulson A., *et al.* "Comparison of Intranasal and Oral Desmopressin for Nocturnal Enuresis". *Archives of Disease in Childhood*, vol. 62, págs. 674-677, 1987.

Frankin, John. *Molecules of the Mind: The Brave New Science of Molecular Psychology*. Nueva York: Athenaeum, 1987.

Gastaut, Henri, y Roger J. Broughton. "A Clinical and Polygraphic Study of Episodic Phenomena During Slep". En ed. de D. Wortis, Recent Advances in Biological Psychiatry, capítulo 22. Nueva York, Plenum Press, págs. 197-221, 1974.

Gershwin, M. Eric, y Edwin L. Klingelhofer. *Conquering Your Child's Allergies*. Reading, Mass., Addison-Wesley Publishing Co., 1989.

Gill, Samuel E. "Nocturnal Enuresis, Experience with Evacuated Children". *The British Medical Journal*, 10 de agosto de 1940.

Goleman, Daniel. "A Genetic Clue to Bedwetting Is Located". *The New York Times*, pág. 8, 1 de julio de 1995.

Gonzales, Ricardo. "Urologic Disorders in Infants and Children". In Waldo E. Nelson, ed., *Nelson Textbook of Pediatrics*, 15a. ed. Filadelfia, W. B. Saunders Co., p. 1531, 1996.

Goswami, R., *et al.* "Micturition Disturbances in Hyperthyroidism". *British Journal of Urology*, vol. 75, no. 5, págs. 678-679, mayo de 1995.

Gudzhabidze, D. B., *et al.* "Morphological Changes in the Stenotic Distal Portion of the Urethra in Girls". *Urologiia I Nefrologiia (Mosk)*, vol. 3, págs. 64-69, mayo/junio de 1991.

Gupta, A. K., *et al.* "Daytime Urinary Frequency Syndrome in Childhood". *Indian Pediatrics*, vol. 27, págs. 752-754, julio de 1990.

Handford, Allen H., *et al.* "Sleep Disturbances and Disorders". En ed. de Melvin Lewis, *Child and Adolescent Psychiatry: A Comprehensive Textbook*. Baltimore, Williams & Wilkins, cap. 62, 1991.

Hanner, Robert. "Enuresis and Food Sensitivity" (carta). *Australian Family Physician*, vol. 18, no. 2, pág. 86, febrero de 1989.

Harrow, Benedict, R. "The Rarity of Bladder-Neck Obstruction in Children". *Journal of Pediatrics*, vol. 69, no. 5, págs. 853-854, noviembre de 1966.

Harrow, Benedict R., *et al.* "A Critical Examination of Bladder-Neck Obstruction in Children". *Journal of Urology*, vol. 98, no. 5, págs. 613-617, 1967.

Harzmann, R., y R. Chiari. "Etiology and Therapy of Recurring Urinary Tract Infection and Enuresis in Girls". *Urologia Internationalis*, vol. 30, pág. 455, 1975.

Haubensak, K., y A. Koch. "Urodynamic Studies Among Enuretics". *Urologia Internationalis*, vol. 31, nos. 1-2, págs. 87-92, 1976.

Hellman, Daniel S., y Nathan Blackman. "Enuresis, Firesetting, and Cruelty to Animals: A Triad Predictive of Adult Crime". *American Journal of Psychiatry*, vol. 122, pags. 1431-1434, junio de 1966.

Hendren, W. Hardy III. "Posterior Urethral Valves". In Keith W. Ashcroft, ed., *Pediatriatic Urology*, cap. 14. Filadelfia, W. B. Saunders Co., 1990.

Hendren, W. Hardy III. "Posterior Urethral Valves in Boys: A Broad Clinical Spectrum". *Journal of Urology*, vol. 106, no. 2, págs. 298-307, agosto de 1971.

Hensle, Terry W. "Pediatric Urology Medal: W. Hardy Hendren III". *Journal of Urology*, vol. 152, pág. 758, agosto de 1994.

Hjalmas, Kelm. "SWEET, the Swedish Enuresis Trial". *Proceedings of the Second International Enuresis Research Center (IERC) Workshop: Pathophysiology and Treatment*, págs. 89-93, Aarhus, Dinamarca, del 27 al 29 de mayo de 1995.

Hjalmas, Kelm, y Bengt Bengtsson. "Efficacy, Safety, and Dosing of Desmopressin for Nocturnal Enuresis in Europe". *Clinical Pediatrics*, edición especial, págs. 19-24, 1993.

Hogg, Ronald J., y Doug Husmann. "The Role of Family History in Predicting Response to Desmopressin in Nocturnal Enuresis". *Journal of Urology*, vol. 150, págs. 444-445, agosto de 1993.

Holubar, J., *et al.*, "Urethral Dilatation in the Treatment of Urinary Tract Infections in Girls". *Ceskoslovenska Pediatrie*, vol. 46, nos. 8-9, págs. 408-409, septiembre de 1991.

Horesh, Arthur J. "Allergy and Recurrent Urinary Tract Infections in Childhood-II". *Annals of Allergy*, vol. 36, págs. 174-179, marzo de 1976.

Howard, H. H., *et al.* "Urodynamic Studies in Primary Nocturnal Enuresis". *China Medical Journal* (Taipei), vol. 41, pág. 227, 1988.

Hradec, E., *et al.* "Significance of Urethral Obstruction in Girls". *Urologia Internationalis*, vol. 28, no. 6, págs. 440-452, 1973.

Hsu, Chen-Chin, y Yi-Sen Chin. "An Epidemiological Study on Enuresis Among School Age Children: 2nd Report". "A Study on the Reliability of Information Obtained Through Questionnaires Regarding the Presence and Absence of Enuresis". *Formosan Medical Association Journal*, vol. 68, pág. 39, 28 de enero de 1969.

Hunsballe, J. M., *et al.* "Polyuric and Non-Polyuric Bedwetting: Pathenogenic Differences in Nocturnal Enuresis". *Proceedings of the*

Second International Enuresis Research Center (IERC) Workshop: Pathophysiology and Treatment, págs. 77-79, Aarhus, Dinamarca, del 27 al 29 de mayo de 1995.

Husmann, Douglas A. "Enuresis". *Urology*, vol. 48, no. 2, págs. 184-193, 1996.

Jakobsson, I. "Unusual Presentation of Adverse Reactions to Cow's Milk Proteins". *Klinische Padiatrie*, vol. 197, no. 4, págs. 360-362, julio-agosto de 1985.

Jarvelin, Marjo R., *et al.* "Aetiological and Precipitating Factors for Childhood Enuresis". *Acta Paediatrica Scandinavica*, vol. 80, no. 3, págs. 361-369, marzo de 1991.

Jarvelin, Marjo R., *et al.* "Life Changes and Protective Capacities in Enuretic and Non-Enuretic Children". *Journal of Child Psychology and Psychiatry*, vol. 31, no. 5, págs. 763-774, julio de 1990.

Jarvelin, Marjo R., *et al.* "Screening of Urinary Tract Abnormalities Among Day- and Night-Wetting Children". *Scandinavian Journal of Urology and Nephrology*, vol. 24, no. 3, págs. 181-189, 1990.

Johnson, Edward L. "Evaluation of Dorsal Urethroplasty in Female Children". *Journal of Urology*, vol. 109, no. 1, págs. 113-114, enero de 1973.

Johnson, S. Harris III, y Matthew Marshall, Jr. "Enuresis". *Journal of Urology*, vol. 71, no. 5, págs. 554-559, mayo de 1954.

Jones, Betty, *et al.* "Recurrent Urinary Infections in Girls: Relation to Enuresis". *Canadian Medical Association Journal*, vol. 106, no. 2, págs. 127-130, 22 de enero de 1972.

Kales, Anthony, *et al.* "Sleep Disorders: Insomnia, Sleepwalking, Night Terrors, Nightmares, and Enuresis". *Annals of Internal Medicine*, vol. 106, no. 4, págs. 582-592, abril de 1987.

Kallio, Jaana, *et al.* "Severe Hyponatremia Caused by Intranasal Desmopressin for Nocturnal Enuresis". *Acta Paediatrica*, vol. 82, págs. 881-882, 1993.

Kane, Christopher J., *et al.* "Posterior Urethral Valves in Adults". *Infections in Urology*, págs. 111-115, julio/agosto de 1994.

Karlson, Stig. "Experimental Studies on the Functioning of the Female Urinary Bladder and Urethra". *Scandinavian Journal of Obstetrics and Gynecology*, vol. 33, págs. 285-307, 1953.

Key, David W., *et al.* "Low-Dose DDAVP in Nocturnal Enuresis". *Clinical Pediatrics*, págs. 299-301, mayo de 1992.

Khanna, Om P., *et al.* "Histamine Receptors in Urethrovesical Smooth Muscle". *Urology*, vol. 10, no. 4, págs. 375-381, octubre de 1977.

Kindall, L., y T. T. Nickels. "Allergy of the Pelvic Urinary Tract in the Female". *Journal of Urology*, vol. 61, págs. 222-227, 1949.

Kitagawa, K. "A Study of Functional Enuresis in Children: Voiding Cystourethrographic and Cystometric Study". *Nippon Hinyokika*

Gakkai Zasshi (Japanese Journal of Urology), vol. 71, no. 7, págs. 664-680, julio de 1980.

Kjellberg, Sven R., *et al. The Lower Urinary Tract in Childhood.* Chicago, Year Book Medical Publishers, 1957.

Koerner, Celide Barnes, y Hugh A. Sampson. "Diets and Nutrition". En eds. de Dean D. Metcalf, Hugh A. Sampson, y Ronald A. Simon, *Food Allergy: Adverse Reactions to Foods and Food Additives.* 2a. ed. Cambridge, Mass., Blackwell Science, cap. 32, 1997.

Koff, S. A. "Why Is Desmopressin Sometimes Ineffective at Curing Bedwetting?" *Proceedings of the Second International Enuresis Research Center (IERC) Workshop: Pathophysiology and Treatment,* Aarhus, Dinamarca, del 27 al 29 de mayo de 1995.

Kolvin, I. "Enuresis in Childhood". *Practitioner*, vol. 214, 1975.

Kolvin, I., *et al.*, eds. *Bladder Control and Enuresis* (Clinics in Developmental Medicine, nos. 48/49). Filadelfia, J. B. Lippincott Co., 1973.

Kondo, Atsuo, *et al.* "Functional Obstruction of the Female Urethra: Relevance to Refractory Bedwetting and Recurrent Urinary Tract Infection". *Neurology and Urodynamics*, vol. 13, no. 5, págs. 541-546, 1994.

Kondo, Atsuo, *et al.* "Holding Postures Characteristic of Unstable Bladder". *Journal of Urology*, vol. 134, no. 4, págs. 702-704, octubre de 1985.

Kozeny, G. A., y W. S. Wood. "Secondary Enuresis Associated with Hyperthyroidism". *Journal of Family Practice*, vol. 23, no. 3, págs. 273-274, septiembre de 1986.

Kroll, K. "Curing Nocturnal Enuresis: A Simple Program That Works". *Urology Digest*, págs. 13-15, octubre de 1975.

Landon, Michael. Entrevista para *Family Weekly*, 17 de agosto de 1975.

Langlois, P. J. "Treatment of Bedwetting". *Journal of the American Medical Association*, vol. 234, pág. 1116, 1975.

Lennert, J. B., y J. J. Mowad. "Enuresis: Evaluation of Perpleing Symptoms". *Urology*, vol. 13, no. 2, págs. 27-29, enero de 1979.

Levine, Melvin D. "The Schoolchild with Encopresis". *Pediatrics in Review*, vol. 2, no. 9, págs. 285-287, marzo de 1981.

Linderholm, B. E. "The Cystometric Findings in Enuresis". *Journal of Urology*, vol. 96, pág. 718, 1966.

Littleton, R. H., *et al.* "Eosinophilic Cystitis: An Uncommon Form of Cystitis". *Journal of Urology*, vol. 127, no. 1, págs. 132-133, enero de 1982.

Lizasoain, Olga, y Aquilino Polaino. "Reduction of Anxiety in Pediatric Patients: Effects of a Psychopedagogical Intervention Programme". *Patient Education and Counseling*, vol. 24, págs. 17-22, 1995.

Loening-Baucke, V. "Chronic Constipation in Children". *Gastroenterology*, vol. 105, no. 5, págs. 1557-1564, 1993.

Loening-Baucke, V. "Management of Chronic Constipation in Infants and Toddlers". *American Family Physician*, vol. 49, no. 2, págs. 397-413, 1994.

Lowsley, Oswald S., *et al. The Sexual Glands of the Male*. Nueva York, Oxford University Press, 1942, pág. 746.

Lyon, Richards P., y Summer Marshall. "Urinary Tract Infection and Difficult Urination in Girls: Long-Term Follow-Up". *Journal of Urology*, vol. 105, págs. 314-317, febrero de 1971.

Lyon, Richards P., y Donald R. Smith. "Distal Urethral Stenosis". *Journal of Urology*, vol. 89, págs. 414-421, marzo de 1963.

Lyon, Richards P., y Emil A. Tanagho. "Distal Urethral Stenosis in Little Girls". *Journal of Urology*, vol. 93, págs. 379-388, marzo de 1965.

Mahony, David T. "Studies of Enuresis-I: Incidence of Obstructive Lesions and Pathophysiology of Enuresis". *Journal of Urology*, vol. 106, no. 6, págs. 951-958, diciembre de 1971.

Mahony, David T., y Roland O Laferte. "Studies of Enuresis-VII: Results of Distal Internal Urethrotomy in Girls with Juvenile Urinary Incontinence". *Urology*, vol. 4, no. 2, págs. 162-172, agosto de 1974.

Mahony, David T., *et al.* "Incontinence of Urine Due to Instability of Micturition Reflexes: Part I-Detrusor Reflex Instability". *Urology*, vol. 3, págs. 229-239, 1980.

Mandell, Marshall. "Genitourinary Hypresensitivity in an Allergy Practice". (extracto). *28th Annual Congress of American College of Allergists*, Dallas, marzo de 1972.

Mattelaer, J.J., y F.M.J. Debruyne. "Distal Urethral Stenosis in Young Girls". *Urologia Internationalis*, vol. 29, no. 5, págs. 389-398, 1974.

Matthiessen, T.B., et al. "A Dose Titration, and an Open 6-Week Efficacy and Safety Study of Desmopressin Tablets in the Management of Nocturnal Enuresis". *Journal of Urology*, vol. 151, febrero de 1994.

McAninch, L.M. "External Meatotomy in the Female". *Canadian Journal of Surgery*, vol. 8, págs. 382-388, 1965.

McCarty, Eugene P., y Oscar L. Frick. "Food Sensitivity: Keys to Diagnosis". *Journal of Pediatrics*, vol. 102, no. 5, págs. 645-652, mayo de 1983.

McDonald, H.P., *et al.* "Enuresis". *Fulton County Medical Society Bulletin*, 3 de septiembre de 1953.

McDonald, H.P. "Enuresis". In H.F. Conn, ed., *Current Therapy*. Filadelfia, W.B. Saunders Co., 1961.

McDonald, H.P., *et al.* "Vesical Neck Obstruction in Children". *The American Surgeon*, vol. 27, pág. 603, 1961.

McFadden, G.D.F. "Anatomical Abnormalities Found in the Urinary Tract of Enuretics, Their Significance and Surgical Treatment". *Proceedings of the Royal Society of Medicine*, vol. 48, pág. 1121, 1955.

McGraw, Terry. "Preparing Children for the Operating Room: Psychological Issues". *Canadian Journal of Anesthesiology*, vol. 41, no. 11, págs. 1094-1103, 1994.

McGuire, E.J., y J.A. Savastano, "Urodynamic Studies in Enuresis and the Nonneurogenic Neurogenic Bladder". *Journal of Urology*, vol. 132, no. 2, págs. 299-302, agosto de 1984.

McKendry, J.B.J., *et al.* "Enuresis-A Study of Untreated Patients". *Applied Therapeutics*, vol. 10, no. 12, págs. 815-817, diciembre de 1968.

McKendry, J.B.J., *et al.* "Primary Enuresis: Relative Success of Three Methods of Treatment". *Canadian Medical Association Journal*, vol. 113, págs. 953-955, 22 de noviembre de 1975.

McLain, Larry G. *Current Problems in Pediatrics: Childhood Enuresis*. Chicago, Year Book Medical Publishers, 1979.

McNichol, Jane. *Your Child's Allergies: Detecting and Treating Hyperactivity, Congestion, Irritability, and Other Symptoms Caused by Common Food Allergies*. Nueva York, John Wiley & Sons, 1992.

Meeks, John E. "Dispelling Fears of the Hospitalized Child". *Hospital Medicine*, págs. 77-81, octubre de 1970.

Miguel, L.C., *et al.* "Enuresis and Urinary Pathology". *Cirrugia Pediatrica*, vol. 3, no. 3, págs. 112-116, julio de 1990.

Mikkelsen, Edwin J. "Chapter 42: Elimination Disorders". En eds. de Harold I. Kaplan y Benjamin J. Sadock, *Comprehensive Textbook of Psychiatry*, 6th ed., vol. 2. Baltimore, Williams & Wilkins, 1995.

Mikkelsen, Edwin J. "Modern Approaches to Enuresis and Encopresis". En ed. de Melvin Lewis, *Child and Adolescent Psychiatry: A Comprehensive Textbook*. Baltimore, Williams & Wilkins, cap. 50, 1991.

Miller, A. "Cysto-urethroscopy of Enuretic Children". *Proceedings of the Royal Society of Medicine*, vol. 49, pág. 895, 1956.

Miller, Harry C. "Bedwetting Is Seldom Psychological". *Consultant*, pág. 84, septiembre de 1972.

Miller, K., y G.T. Klauber. "Desmopressin Acetate in Children with Severe Primary Nocturnal Enuresis". *Clinical Therapeutics*, vol. 12, no. 4, págs. 357-366, julio-agosto, 1990.

Miller, Kenneth. "Concomitant Nonpharmacologic Therapy in the Treatment of Primary Nocturnal Enuresis". *Clinical Pediatrics*, edición especial, págs. 32-37, 1993.

Moilanen, Irma, *et al.* "Personality and Family Chracteristics of Enuretic Children". *Psychiatria Fennica*, vol. 18, págs. 53-61, 1987.

Morgan, Elaine. *The Descent of Woman*, Nueva York, Stein & Day, 1972.

Morgan, G. Edward, Jr., y Maged S. Mikhail. "Chapter 44: Pediatric Anesthesia". *Clinical Anesthesiology*. Stamford, Conn., Appleton & Lange, 1996.

Mori, Yoshinori, *et al.* "Congenital Lower Urinary Tract Obstruction and Enuresis in Children". *Nippon Hinyokika Gakkai Zasshi* (Japanese Journal of Urology), vol. 82, no. 3, págs. 481-487, marzo de 1991.

Mori, Yoshinori, *et al.* "Treatment of Congenital Urethral Stenosis (Urethral Ring) in Children: Optic Internal Urethrotomy in Congenital Bulbar Urethral Stenosis in Boys". *Nippon Hinyokika Gakkai Zasshi* (Japanese Journal of Urology), vol. 80, no. 5, págs. 704-710, mayo de 1989.

Mormon, J.A.G. "Congenital Bulbar Urethral Constrictions: Pathogenesis and Treatment of Diseases of the Bladder Neck and Urogenital Border Regions". *Urologia Internationalis*, vol. 30, no. 2, págs. 120-124, 1975.

Motoyama, Etsuro K., *et al.*, eds. *Smith's Anesthesia for Infants and Children*, 5a. ed. St. Louis: C.V. Mosby Company, 1990.

Mundy, Anthony R. "The Unstable Bladder". *Urologic Clinics of North America*, vol. 12, no. 2, págs. 317-328, mayo de 1985.

Murphy, Selbritt, y Warren Chapman. "Adolescent Enuresis: A Urologic Study". *Pediatrics*, vol. 45, no. 3, págs. 426-431, marzo de 1970.

Noguchi, C.T., *et al.* "Sickle-Cell Disease Pathophysiology". *Baillieres Clinical Haematology*, vol. 6, no. 1, págs. 57-91, marzo de 1993.

225

Norgaard, Jens P. "Urodynamics in Enuresis-I: Reservoir Function". *Neurology and Urodynamics*, vol. 8, págs. 199-211, 1989.

Norgaard, Jens P., y Jens C. Djurhuus. "The Pathophysiology of Enuresis in Children and Young Adults". *Clinical Pediatrics*, edición especial, págs. 5-9, 1993.

Norgaard, Jens P., *et al.* "Diurnal Anti-Diuretic-Hormone Levels in Enuretics". *Journal of Urology*, vol. 134, págs. 1029-1031, 1985.

Norgaard, Jens P., *et al.* "Nocturnal Enuresis: An Approach to Treatment Based on Pathenogenesis". *The Journal of Pediatrics*, vol. 114, no. 4, Part II, pág. 705, abril de 1989.

Norgaard, Jens P., *et al.* "Nocturnal Studies in Enuretics: A Polygraphic Study of Sleep-EEG and Bladder Activity". *Scandinavian Journal of Urology and Nephrology* (suplemento), vol. 125, págs. 73-78, 1989.

Ornitz, E., *et al.* "Prestimulation-Induced Startle Modulation in Attention-Deficit Hyperactivity Disorder and Nocturnal Enuresis". *Psychophysiology*, vol. 29, págs. 437-451, 1992.

O'Regan, Sean, y Salam Yazbeck. "Constipation as a Cause of Enuresis, Urinary Tract Infection, and Vesico-Urethral Reflux". *Medical Hypotheses*, vol. 17, págs. 409-413, 1985.

O'Regan, Sean, *et al.* "Constipation, Bladder Instability, Urinary Tract Infection Syndrome". *Clinical Nephrology*, vol. 23, no. 3, págs. 152-154, 1985.

Orwell, George. "Such, such were the Toys ..." In *The Orwell Reader*, págs. 419-456. Nueva York: Harcourt, Brace, 1953.

Oswald, Ian. *Sleeping and Waking*. Amsterdam: Elsevier Publishing Co., 1962.

Page, Harriet. "Jell-O Shows 'Life' When Subjected to EEG's in an Unusual Teaching Experiment". *Medical Tribune*, 3 de marzo de 1976.

Palmtag, Hans, *et al.* "Functional Abnormality of 'Nonprovocative' Bladder Instability in Children". *Urologia Internationalis*, vol. 34, no. 3, págs. 176-183, 1979.

Parkkulainen, K.V. "Enuresis and Incontinence in Children". *Annales Chirurgie*, vol. 71, pág. 221, 1982.

Pastinszky, I. "The Allergic Diseases of the Male Genitourinary Tract with Special Reference to Allergic Urethritis and Cystitis". *Urologia Internationalis*, vol. 9, págs. 288-305, 1959.

Penders, L., *et al.* "Enuresis and Urethral Instability". *European Urology*, vol. 10, págs. 317-322, 1984.

Perlmutter, A.D., *et al.* "Urethral Meatal Stenosis in Female Children Simulating Bladder-Neck Obstruction". *Journal of Pediatrics*, vol. 69, pág. 739, 1966.

Petty, William Clayton. "Evolution of Safety in Anesthesia". *CRNA: The Clinical Forum for Nurse Anesthetists*, vol. 6, no. 2, págs. 59-63, mayo de 1995.

Pfaundler, Menhard. "Demonstration eines Apparatus zur seltatigen Signalisierung stattgehabter Bettnasung". *Verhandlungen der Gesellschaft fur Kinderheilkunde*, vol. 21, pág. 219, 1904.

Pieretti, Raphael V. "The Mild End of the Spectrum of Posterior Urethral Valves". *Journal of Pediatric Surgery*, vol. 28, no. 5, págs. 701-776, 1993.

Pillay, Anthony L., *et al*. "Secondary Enuresis in Institutionalized Conduct-Disordered Children". *Psychological Reports*, vol. 64, no. 2, págs. 624-626, abril de 1989.

Pompeius, R. "Cystometry in Paediatric Enuresis". *Scandinavian Journal of Urology and Nephrology*, vol. 5, pág. 222, 1971.

Powell, Norborne B. "Allergies of the Genito-Urinary Tract". *Annals of Allergy*, vol. 19, págs. 1019-1025, 1961.

Powell, Norborne B., *et al*. "Allergy of the Lower Urinary Tract". *Annals of Allergy*, vol. 28, págs. 252-255, junio de 1970.

Puri, V.N. "Urinary Levels of Antidiuretic Hormone in Nocturnal Enuresis". *Indian Pediatrics*, vol. 17, págs. 675-676, agosto de 1980.

Rapp, Doris. *Is This Your Child? Discovering and Treating Unrecognized Allergies*. Nueva York, William Morrow & Company, 1991.

Rapp, Doris. *Is This Your Child's World?* Nueva York: William Morrow & Company, 1995.

Readett, D.R. "Determinants of Nocturnal Enuresis in Homozygous Sickle-Cell Disease". *Archives of Disease in Childhood*, vol. 65, no. 6, págs. 615-618, junio de 1990.

Richardson, Francis H. y Oliver G. Stonington. "Urethrolysis and External Urethroplasty in the Female". *Surgical Clinics of North America*, vol. 49, no. 6, págs. 1201-1208, diciembre de 1969.

Robson, William L.M., y Alexander K.C. Leung. "Side Effects and Complications of Treatment with Desmopressin for Enuresis". *Journal of the National Medical Association*, vol. 86, no. 10, págs. 775-778, 1994.

Roffwarg, Howard P., *et al.* "Preliminary Observations of the Sleep Dream Pattern in Neonates, Infants, Children, and Adults". *American Journal of Psychiatry*, vol. 126, págs. 60-72, 1969.

Royal College of Physicians Committee On Clinical Immunology and Allergy. "Allergy: Conventional and Alternative Concepts". *Clinical and Experimental Allergy*, vol. 22, suplemento 3, 1992 (edición completa).

Rubin, Lewis, y Murray B. Pincus. "Eosinophilic Cystitis: The Relationship of Allergy in the Urinary Tract to Eosinophilic Cystitis and the Pathophysiology of Eosinophilia". *Journal of Urology*, vol. 112, págs. 457-460, octubre de 1974.

Rushton, H. Gil. "Evaluation of the Enuretic Child". *Clinical Pediatrics*, edición especial, págs. 14-18, 1993.

Rushton, H. Gil., *et al.* "Predictors of Response to Desmopressin in Children and Adolescents with Monosymptomatic Nocturnal Enuresis". *Proceedings of the Second International Enuresis Research Center (IERC) Workshop: Pathphysiology and Treatment*, Aarhus, Dinamarca, del 27 al 29 de mayo de 1995.

Ryan, C.F., *et al.* "Nasal Continuous Positive Airway Pressure (CPAP) Therapy for Obstructive Speel Apnea in Hallermann-Streiff Syndrome". *Clinical Pediatrics*, vol. 29, no. 2, págs. 122-124, febrero de 1990.

Sakurai, T., *et al.* "Lower Urinary Tract Obstruction and Subclinical Neurogenic Bladder in Childhood-III: The Urethral Ring Stenosis". *Nippon Hinyokika Gakkai Zasshi* (Japanese Journal of Urology), vol. 69, no. 6, págs. 743-753, junio de 1978.

Salzman, Louis K. "Allergy Testing, Psychological Assessment, and Dietary Treatment of the Hyperactive Child Syndrome". *Medical Journal of Australia*, vol. 2, págs. 248-251, 14 de agosto de 1976.

Saxton, H.M., *et al.* "Spinning Top Urethra: Not a Normal Variant". *Radiology*, vol. 168, no. 1, págs. 147-150, julio de 1988.

Scholtmeijer, R.J. "Chapter 7: Urethral Abnormalities in Enuresis and Urinary Infection". En eds. de J.H. Johnson y C.J. Scholtmeijer, *Problems in Paediatric Urology*. Amsterdam: Excerpta Medica, 1972.

Schrott, K.M. "Enuresis: A Mainly Organic and Curable Disease in Childhood". *Zeitschrift Für Kinderchirurgie und Grenzgebiete*, vol. 19, pág. 299, 1976.

Schultz, Nathan D., *et al. The Best Guide to Allergy*, 3a ed. Totowa, N.J., Humana Press, 1994.

Selig, Andrew Lee. "Treating Nocturnal Enuresis in One Session of Family Therapy: A Case Study". *Journal of Clinical Child Psychology*, vol. 11, no. 3, págs. 234-237, 1982.

Seth, R., y M.B. Heyman. "Management of Constipation and Encopresis in Infants and Children". *Gastroenterology Clinics of North America*, vol. 23, no. 4, págs. 621-636, 1994.

Shaffer, David, *et al.* "Behavior and Bladder Disturbance of Enuretic Children: A Rational Classification of a Common Disorder". *Developmental Medicine and Child Neurology*, vol. 26, págs. 781-792, 1984.

Sharma, Anjana, *et al.* "Behavioural Problems of Hyperactive Children". *Indian Journal of Clinical Psychology*, vol. 21, no. 1, págs. 6-10, marzo de 1994.

Shaw, Charles R. *The Psychiatric Disorders of Childhood.* Nueva York, Appleton-Century-Crofts, 1966.

Sher, P.K. "Successful Treatment of Giggle Incontinence with Methylphenidate". *Pediatric Neurology*, vol. 10, no. 1, pág. 81, febrero de 1994.

Shimada, K., *et al.* "Lower Urinary Tract Obstruction and Subclinical Enurogenic Bladder in Childhood: Relation to the Pathogenesis of Enuresis". *Nippon Hinyokika Gakkai Zasshi* (Japanese Journal of Urology), vol. 68, pág. 636, 1977.

Shortliffe, Linda. "Primary Nocturnal Enuresis: Introduction". *Clinical Pediatrics*, edición especial, págs. 3-4, julio de 1993.

Simonds, John F., y Humberto Parraga. "The Parasomnias: Prevalence and Relationships to Each Other and to Positive Family Histories". *Hillside Journal of Clinical Psychiatry*, vol. 4, no. 1, págs. 25-38, 1982.

Smith, A.D., *et al.* "The Wet-Bed Syndrome". *South African Medical Journal*, vol. 47, no. 40, págs. 1916-1918, 13 de octubre de 1973.

Smith, Anthony. *The Mind*. Nueva York, Viking Press, 1984.

Smith, Donald R. "Critique on the Concept of Vesical Neck Obstruction in Children" (reseña). *JAMA*, vol. 207, no. 9, págs. 1686-1692, 3 de marzo de 1969.

Speer, Frederic. "The Allergic Child". *American Family Physician*, vol. 11, no. 2, págs. 88-94, febrero de 1975.

Spence, H.M. "Urologic Aspects of Enuresis". *Southern Medical Journal*, vol. 34, pág. 830, 1941.

Squires, Vicki L. "Child-Focused Perioperative Education: Helping Children Understand and Cope with Surgery". *Seminars in Perioperative Nursing*, vol. 4, no. 2, págs. 80-87, abril de 1995.

Steffens, J., *et al.* "Vasopressin Deficiency in Primary Nocturnal Enuresis". *European Urology*, vol. 24, no. 3, págs. 366-370, 1993.

Stein, Z.A., y M.W. Susser. "Nocturnal Enuresis as a Phenomenon of Institutions". *Developmental Medicine and Child Neurology*, vol. 8, págs. 677-685, 1966.

Stenberg, Arne, y Goran Lackgreen. "Desmopressin Tablet Treatment in Nocturnal Enuresis". *Proceedings of the Second International Enuresis Research Center (IERC) Workshop: Pathophysiology and Treatment*. Aarhus, Dinamarca, del 27 al 29 de mayo de 1995.

Stenberg, Arne, y Goran Lackgreen. "Desmopressin Tablets in the Treatment of Severe Nocturnal Enuresis in Adolescents". *Pediatrics*, vol. 94, no. 6, págs. 841-846, diciembre de 1994.

Stenberg, Arne, y Goran Lackgreen. "Treatment with Oral Desmopressin in Adolescents with Primary Nocturnal Enuresis: Efficacy and Longterm Effect". *Clinical Pediatrics*, edición especial, págs. 25-27, 1993.

Stoffer, S.S. "Loss of Bladder Control in Hyperthyroidism". *Postgraduate Medicine*, vol. 84, no. 8, págs. 117-118, diciembre de 1988.

Susset, Jacques G., *et al.* "The Stop-Flow Technique: A Way to Measure Detrusor Strength". *Journal of Urology*, vol. 127, no. 3, págs. 489-494, marzo de 1982.

Taub, S.J. "Enuresis Is Allergic in Origin in Many Instances". Eye, Ear, *Nose, and Throat Monthly*, vol. 48, no. 3, págs. 179/83, marzo de 1969.

Taylor, John F. *Helping Your Hyperactive Child.* Rocklin, Calif., Prima Publishing & Communications, 1990.

Thompson, Susan, y Joseph M. Rey. "Functional Enuresis: Is Desmopressin the Answer?" *Journal of the American Academy of Child and Adolescent Psychiatry*, vol. 34, no. 3, págs. 266-271, marzo de 1995.

Tiret, L., *et al.* "Complications Related to Anaesthesia in Infants and Children: A Prospective Study of 40,240 Anaesthetics". *British Journal of Anaesthesia*, vol. 61, págs. 263-269, 1988.

Unger, Donald L. "Urinary Tract Allergy". *Journal of Urology*, vol. 105, pág. 867, junio de 1971.

Unger, Donald L., *et al.* "Urinary Tract Allergy". *Journal of the American Medical Association*, págs. 1308-1309, 11 de julio de 1959.

Vanwaeyenbergh, J., *et al.* "Endoscopic Resection as Treatment of Enuresis with Posterior Urethral Valves". *Acta Urologica Belgica*, vol. 58, no. 1, págs. 133-137, 1990.

Von Hedenberg, C., y J. Gierup. "Urodynamic Studies of Boys with Disorders of the Lower Urinary Tract-II: Stenosis of the External Urethral Meatus: A Pre- and Post-Operative Study". *Scandinavian Journal of Urology and Nephrology*, vol. 11, no. 2, págs. 121-127, 1977.

Von Hedenberg, C., y J. Gierup. "Urodynamic Studies of Boys with Disorders of the Lower Urinary Tract-V: Posterior Urethral Folds: A Pre- and Post-Operative Study". *Scandinavian Journal of Urology and Nephrology*, vol. 15, no. 3, págs. 215-221, 1981.

Walsh, William. *The Food Allergy Book*, St. Paul, Minn., ACA Publications, 1995.

Walter, C.K. "Allergy as a Cause of Genito-urinary Symptoms: Clinical Consideration". *Annals of Allergy*, vol. 16, págs. 158-159, 1958.

Warzak, W.J. "Psychological Implications of Nocturnal Enuresis". *Clinical Pediatrics*, edición especial, págs. 38-40, julio de 1993.

Weider, Dudley J., et al. "Nocturnal Enuresis in Children with Upper Airway Obstruction". *Otolaryngology-Head and Neck Surgery*, vol. 105, no. 3, págs. 427-432, septiembre de 1991.

Whiteside, C.G., y E.P. Arnold. "Persistent Primary Enuresis: Urodynamic Assessment". *British Medical Journal*, vol. 1, no. 5954, págs. 364-367, 15 de febrero de 1975.

Wille, Soren. "Arftlighet Men Inte Psykisk Storning hos barn med nattenures". *Lakartidningen*, vol. 87, pág. 2342, 1990.

Wille, Soren. "Comparison of Desmopressin and Enuresis Alarm for Nocturnal Enuresis". *Archives of Disease in Childhood*, vol. 61, págs. 30-33, 1986.

Wille, Soren. "Nocturnal Enuresis: Sleep Disturbance and Behavioral Patterns". *Acta Paediatrica*, vol. 83, no. 7, págs. 772-774, julio de 1994.

Wille, Soren, e I. Anveden. "Social and Behavioural Perspectives in Enuretics, Former Enuretics, and Non-enuretic Controls". *Acta Paediatrica*, vol. 84, no. 1, págs. 37-40, 1995.

Wille, Soren, *et al.* "Plasma and Urinary Levels of Vasopressin in Enuretic and Non-enuretic Children". *Scandinavian Journal of Urology and Nephrology*, vol. 28, no. 2, págs. 119-122, junio de 1994.

Williams, D.I., y R.C. Morgan. "Wide Bladder Neck Syndrome in Children: A Review". *Journal of the Royal Society of Medicine*, vol. 71, no. 7, págs. 520-522, julio de 1978.

Williams, Robert L., *et al.* "Chapter 23: Sleep Disorders". En eds. de Harold I. Kaplan y Benjamin J. Sadock, *Comprehensive Textbook of Psychiatry*, 6a. ed., vol. 2. Baltimore, Williams & Wilkins, 1995.

Winsbury-White, H.P. "Study of 310 Cases of Enuresis Treated by Urethral Dilatation". *British Journal of Urology*, vol. 13, págs. 149-162, septiembre de 1941.

Wyatt, J.K. "Distal Urethral Stenosis in the Female". *Canadian Family Physician*, págs. 47-50, diciembre de 1975.

Zaleski, Anne, *et al.* "Enuresis: Familial Incidence and Relationship to Allergic Disorders". *Canadian Medical Journal*, vol. 106, págs. 30-32, 8 de enero de 1972.

Zapp, E. "Urologic Findings in Enuretic Children". *Deutsche Medizinische Wochenshrift*, vol. 89, págs. 372-379, 21 de febrero de 1964.

Zoubeck, Jeri, *et al.* "Extraordinary Urinary Frequency". *Pediatrics*, vol. 85, págs. 1112-1114, 1990.

Zuckerberg, Aaron L. "Perioperative Approach to Children". *Pediatric Anesthesia*, vol. 41, no. 1, págs. 15-29, febrero de 1994.

Cómo evitar que su niño moje la cama se terminó de imprimir en marzo de 2002, en Litográfica Ingramex, S.A. de C.V. Centeno 162, Col. Granjas Esmeralda, C.P. 09810, México, D.F.